LORENZO MONTÚFAR
Morazán

ERANDIQUE
COLECCIÓN

MORAZÁN
Lorenzo Montúfar

©Colección Erandique
Supervisión Editorial: Óscar Flores López
Diseño de portada: Andrea Rodríguez-Lilyana Gálvez
Administración: Tesla Rodas y Jessica Cordero
Director Ejecutivo: José Azcona Bocock

Redes sociales:
Instagram: coleccionerandique
Facebook: Colección Erandique

Segunda Edición de Colección Erandique
Tegucigalpa, Honduras—Agosto de 2024

GUERRERO, ESTRATEGA GENIAL, MAGNÁNIMO… ¡MORAZÁN!

Pocas personas en la historia de Centro América han defendido al general Francisco Morazán de la forma en que lo hizo el escritor y político guatemalteco Lorenzo Montúfar.

Ni siquiera el riesgo que corría su vida lo hizo detenerse en su admirable misión de dar a conocer al mundo la gesta de quien es considerado unánimemente como el hombre más brillante nacido en tierras centroamericanas.

El legado de Morazán era atacado furiosamente a través de los periódicos conservadores, pero el doctor Montúfar se batió con ellos a través de encendidos artículos.

He aquí el gran crimen de Morazán a los ojos del partido conservador. Ese partido quería una corona imperial, y Morazán la combatía. Ese partido quería que no hubiera nacionalidad centroamericana y Morazán aspiraba a ella —escribe Montúfar.

Y agrega: "Ese partido quería que cada uno de los cinco jirones en que habían convertido a la República fuera regido autocráticamente, y Morazán anhelaba su unidad y su grandeza".

En estas páginas, Montúfar vive un intenso debate escrito con Z.Z., un autor anónimo que lo ataca, así como a Morazán, a través de las páginas del Diario de Centroamérica.

Montúfar, al igual que Morazán, se muestra crítico a los privilegios de la clase aristocrática y de los jerarcas de la iglesia.

Y, como si fuera un soldado en el campo de batalla, saca la espada de su inteligencia para defenderse …y luego contraatacar.

El doctor Montúfar no se queda de brazos cruzados ante ningún ataque que le hagan a él o al vencedor de La Trinidad, Gualcho, Espíritu Santo y San Pedro Perulapán.

"No derrama (habla de Morazán), una gota de sangre fuera del campo de batalla; aleja el servilismo de la escena pública; abre la prensa a todo género de publicaciones; desprecia la injuria y la calumnia más audaz. Reorganiza el país, lo restablece en toda la dignidad de sus instituciones y se somete a la autoridad nacional".

Este libro contiene —además de Morazán de Montúfar—, las Memorias del general, escritas en David, Panamá.

Es un texto en el que el general Morazán se defiende de los ataques que, desde suelo centroamericano, le lanzan los sectores más conservadores.

"No escribo para exaltar pasiones, y menos para revelar faltas y decir injurias a los que me han calumniado en sus memorias impresas en las ciudades de Jalapa y México; sólo tomo la pluma para vindicarme", señala el prócer.

La grandeza del paladín unionista queda reflejada cuando se niega, a pesar de tener argumentos justificables para hacerlo, a denigrar o atacar con bajeza a sus enemigos, entre ellos, Arce, Milla, la familia Aycinena y los frailes.

La visión integracionista, un sueño que al día de hoy ha sido, lamentablemente, imposible de realizar, queda plasmada a través de las Memorias de quien fue una luz de esperanza en medio de un periodo oscuro de nuestra historia.

Queda claro, además, que Morazán no solo fue un guerrero que jamás se arrugó ante el peligro; también fue un estratega militar brillante, pero magnánimo.

Poco se ha dicho de la sabiduría de Morazán, quien, en medio de las batallas, nos dejó frases como la siguiente: "Y yo, víctima de mi credulidad, conocí, aunque tarde, lo poco que debe confiarse en los que defienden una mala causa".

(Refiriéndose a la falta de palabra de Milla para cumplir las garantías de permitirle a Morazán disfrutar de su familia en Ojojona sin ser capturado. Diez horas después de llegar a ese pintoresco pueblo, fue arrestado y enviado a prisión).

"El coronel Domínguez pudo muy bien contar nuestros soldados, pero pronto conoció, por una costosa experiencia, que no es dado calcular, a un jefe mercenario, el valor de los hombres que defienden su patria y sus hogares", escribe en otra parte de sus Memorias.

Morazán de Montúfar + las Memorias, reeditadas después de muchísimos años, se convierten en un nuevo aporte de *Colección Erandique*.

Alta es la noche y Morazán vigila… mientras usted, querido lector, se deleita con estas dos grandes obras.

Óscar Flores López
Editor

PRÓLOGO DE LA PRIMERA EDICIÓN

Las sociedades cambian difícilmente de parecer respecto de los hombres a quienes han conocido por la enseñanza de apasionados enemigos, y la verdad recobra entonces su puesto con una lentitud que es atormentadora a veces; pero al cabo se impone haciéndose respetar por medio del juicio sereno de la historia.

Ejemplos notables pueden citarse.

Sin ir muy lejos, uno de ellos es el del general don Francisco Miranda, el más importante de los iniciadores de la independencia hispanoamericana, quien después de haberse distinguido militarmente en Europa y en los Estados Unidos de América, luchando por la libertad, llegó a Venezuela, su patria, donde encontró, a poco, en cambio de sus esfuerzos por la independencia y la democracia, desengaños y tormentos. Lamentables inconsecuencias de los suyos le colocaron al alcance de los enemigos de la causa americana; y estos le condujeron a Cádiz para reducirlo a una prisión. En esta murió, años más tarde, después de haber sufrido el peso horrible de injustas inculpaciones formuladas por la calumnia de propios compatriotas.

El celo y la envidia fueron la causa primordial de su desgracia.

Miranda había figurado en primera línea en Europa y cuando se colocó al frente de los independientes venezolanos, había conquistado un puesto glorioso en la historia de la democracia.

Fue uno de los grandes generales de la Francia revolucionaria. Su nombre está al lado de los que aquella nación ha querido inmortalizar haciéndolos figurar en el Arco de la Estrella de Paris.

Recibió por sus indiscutibles merecimientos muestras de aprecio y distinción de los personajes más importantes de su época.

Catalina II le instó para que se quedara a su lado al servicio del imperio; y no habiendo aceptado le brindó enseguida la recomendación más honrosa que puede hacerse de un hombre.

El distinguido defensor de María Antonieta, de Carlota Corday y de Brissot que fue el abogado del general Miranda en la grave acusación que se le hizo en aquellos días en que el más insignificante cargo ocasionaba una sentencia de muerte, presentó los detalles de su vida y, cada uno de estos, forma un perfil brillantísimo de su notable biografía.

Miranda estaba condenado a ser objeto de las perfidias de la envidia, la que lo perseguía incesantemente porque era, en efecto, de méritos positivos.

Sin embargo, no lo quisieron considerar así sus compatriotas. Juzgando imparcialmente lo ocurrido, aparece que a muy pocos de ellos agradaba la aureola de sus relevantes cualidades; y los demás lo combatían solapadamente.

No coronó con el éxito su empresa de emancipar la América española, porque no encontró la colaboración que necesitaba. Se le desobedeció o, en otra forma, la traición evitó sus planes. Esta es la verdad aun cuando repugne confesarlo, y lo más doloroso es que en ella intervinieron algunos de los que más hemos endiosado.

He aquí el origen de todos sus sinsabores; he aquí la causa de los crímenes que contra él se perpetraron.

Se necesitaba que no apareciera herido por la rivalidad y se inventaron los cargos que sirvieron para acusarlo ante su propio pueblo.

Cuando la rivalidad quiso dañarle en Francia, la calumnia fue impotente; pero cuando trató de perjudicarlo en Venezuela, encontró un eco abrumador.

Muy cerca de tres cuartos de siglo estuvieron ocultos los documentos justificativos de su conducta y ya han comenzado a circular, produciendo un cambio favorable, que se generalizará necesariamente; entonces todos sin excepción, darán al general Miranda el primer lugar en la historia de la independencia hispanoamericana.

Si Miranda hubiera hallado hombres de su talla, la América Latina habría avanzado desde principios del siglo y quizás se encontraría a la par de los Estados Unidos de América; porque, bajo la dirección de aquel caudillo, los pueblos habrían disfrutado de la libertad de conciencia y de los demás dogmas de la escuela democrática.

No se le quiso seguir y se le hizo víctima.

Algo semejante ha ocurrido al general don Francisco Morazán; mas no fueron tan grandes sus enemigos ni duró tampoco tantos años la ocultación de las pruebas que habían de darlo a reconocer en toda su importancia.

Si al general Miranda se le ha juzgado tan mal por actos de que debía haber tenido conocimiento la América entera, ¿qué podremos esperar de la opinión que acerca del general Morazán formaron algunos de los centroamericanos educados con el mayor esmero para tener de tan distinguido compatriota el más desfavorable concepto?

Se le presentaba como un malvado capaz de cometer las mayores atrocidades para satisfacer su avaricia y su ambición, y llegó el trabajo emprendido hasta el punto de conseguir que el nombre de aquel centroamericano lustre fuera repetido por muchos como el de un famoso bandolero.

Pero los hechos comenzaron a ser conocidos en vista de las pruebas que se aducían; las aseveraciones calumniosas fueron perdiendo su influjo y la figura de nuestro héroe se presentó radiante, surgiendo inmaculada del fondo de un arsenal de invectivas.

Escribieron en su contra los hombres más notables del partido servil: el general don Manuel José Arce, y el coronel don Manuel Montúfar Coronado, ambos enemigos irreconciliables del general Morazán a causa de haber sufrido las consecuencias de su intervención armada en defensa del partido liberal, de que los redujo a prisión y de que ejecuto el decreto que los expulsaba del territorio de la República.

Por las mismas razones dirigió sus ataques contra el general Morazán, el coronel don Antonio José de Irisarri, el más exaltado de los enemigos de la libertad, y tan notable filólogo como virulento adversario. Muchos de sus escritos políticos llaman la atención por el exceso de los denuestos que contienen.

Irisarri fue uno de los más importantes miembros del partido aristocrático y jamás perdonó a las personas que trataron de impedir los planes que aquel partido se propuso realizar.

Una prueba del carácter intransigente de Irisarri lo da el incendio del pueblo de San Andrés Xecul, que él ordenó en castigo, porque sus habitantes se habían negado a obedecer las disposiciones dictadas para impedir que los liberales obtuvieran apoyo y simpatías.

Los escritores dichos no podían elogiar al jefe que les arrebató el poder que hablan ejercido y los privilegios de que se habían rodeado.

También escribió contra el general Morazán el general don Miguel García Granados, quien, según sus propias confesiones, una gran parte de su vida, estuvo adherido por simpatías personales y por vínculos de familia, al partido servil.

No obstante, aludiendo al general Morazán dice: "Tampoco simpaticé mucho con el héroe hondureño... Había sin embargo, en lo poco que lo traté de cerca, ciertas cualidades superiores cuales eran, su valor, su actividad y energía y lo que se llama *don de mando*, que poseía en alto grado".

Es evidentemente claro que el móvil de tales escritores fue el de anonadar al más importante de sus adversarios a quien atacaban por escrito, después de haberlo combatido inútilmente en los campos de batalla.

Luego los cargos que se hicieron al general Morazán no tienen fuerza alguna; y si esos cargos carecen de fuerza por haberlos presentado los más notables de sus enemigos políticos ¿que podremos pensar cuando los vemos repetir sin novedad por otros?

Las causas fundamentales del movimiento que el general Arce inició con las ilegalidades del año de 1826 encontraron en el espíritu de localismo de muchos de los habitantes de la ciudad de Guatemala, un poderoso instigador estimulado por el partido servil.

Desgraciadamente ese espíritu de localismo ha tenido grande influencia en los acontecimientos de nuestra historia. Unido al fanatismo religioso formó el arma más dañosa de cuantas se esgrimieron en nuestras luchas civiles; y la que aquí, en Guatemala, estuvo siempre preparada para herir al general Morazán.

A consecuencia de los descalabros de San Miguelito y Las Charcas, las fuerzas del partido servil se concentraron a la plaza de la ciudad de Guatemala, y fueron desalojadas a virtud de la entrega que de la misma hizo don Mariano Aycinena al general Morazán, el 13 de abril de 1829.

En esto se basan los serviles para decir que Morazán debe ser atacado por los buenos patriotas guatemaltecos; y llaman así a los que defendían la anexión al imperio de Iturbide, entregaron a Belice y llevaron la guerra a sus hermanos del Salvador y Honduras; llamando en cambio, enemigos de Guatemala, a los que de veras merecen el nombre de patriotas, a los que se declararon por la independencia y soberanía de Centroamérica, lucharon contra la anexión y en pro de la unidad de los cinco Estados.

También llaman enemigos de Guatemala a los que trabajaron para destruir los planes monárquicos en tiempo del emperador Maximiliano.

Aseguran los serviles que los guatemaltecos deben combatir la memoria del general Morazán, porque dicen que él los combatió.

He aquí la lógica de los enemigos de aquel jefe.

El general Garibaldi combatió a muchos italianos, combatió a muchos de sus compatriotas de la manera más decidida y heroica, para unificar la Italia, para hacer grande a su nación.

Su obra es una de las obras más grandes del siglo XIX, y a pesar de haber combatido a sus hermanos, es una de las figuras más simpáticas de la Italia, y una de las personalidades más notables de la Europa.

Garibaldi atacó decididamente a Roma para vencer al rey de los Estados Pontificios y entrar victorioso a la ciudad eterna; sin embargo, los romanos no creen que fuera su enemigo, no dicen que luchara contra la metrópoli italiana por cuestión de pueblos, ni afirman que se acercara al Quirinal por envidia ni para satisfacer necias ambiciones. Saben que sus esfuerzos tendían a la realización de una grande idea: la más noble de las causas.

Morazán hizo lo mismo. Combatió la ciudad de Guatemala, cuna y centro de la dominación del partido servil o aristocrático, y en ella, a los que habían defendido la anexión al imperio de Iturbide y los privilegios nobiliarios.

El general Arce en el capítulo IV de sus memorias dice: "el gobierno (habla del que él presidía) era atacado por todas partes: en las discusiones de los cuerpos deliberantes, en los papeles públicos, en las tertulias y en las paredes de las calles se le injuriaba, se le acometía, y se le daban golpes de maza sobre su estabilidad. Por doquier que se echaba la vista se encontraba una atmósfera cargada de electricidad".

Según estas palabras, el partido servil tenía en su contra la opinión de todo el Estado de Guatemala.

Don Manuel Montúfar dice en el capítulo III de las Memorias de Jalapa: "Aquel pueblo (la Antigua) había sido teocrático y pacífico como fue después entusiasta por la revolución".

Estas opiniones dejan ver que la mayoría de los guatemaltecos simpatizaba con Morazán, a quien combatían, como era natural, los serviles, aristócratas y fanáticos, que aspiraban al predominio de un corto número de personas o sea de lo que entonces se llamó espíritu de familia.

Es inexacto pues, que los guatemaltecos deben ser, forzosamente, enemigos de Morazán. Garibaldi es un héroe nacional italiano, no obstante que no lo reconocen como tal los partidarios del poder temporal de los pontífices, y Morazán es un héroe nacional centroamericano, a pesar de las negativas de los enemigos de la libertad y de la unidad de la América del Centro.

Los ataques que se hacen a su memoria los constituyen el sofisma y la diatriba.

Los artículos de Z. Z. que dieron lugar a que el doctor Montúfar escribiera los que ahora publicamos coleccionados, presentan chanzonetas de niños sin educación, como argumentos serios, y las faltas de respeto al polemista, como gracias ingeniosas.

Llama la atención que quienes más han combatido últimamente al general Morazán, son aquellos que, debido a los principios por él implantados, han tenido oportunidad de mejorar de posición social y han podido levantarse de una situación que, sin los esfuerzos de aquel caudillo, no habrían podido abandonar.

Pero esto no debe sorprendernos. La historia de todos los pueblos muestra iguales fenómenos. Los más aferrados aristócratas son a veces los más conocidos plebeyos; y los más favorecidos por la democracia y por la libertad son también a veces los más grandes enemigos de sus defensores.

Erkman-Chatrian, en la "Historia de la Revolución francesa contada por un aldeano", marca esas irregularidades y describen a un mocetón de fragua, Valentín, satisfecho de la triste situación de los obreros de su época, renegando de los patriotas que deseaban obtener la caída de los tiranos de la Francia y cambiar la condición del pueblo francés.

Esos tipos no son imaginarios. Existen y pululan en todas partes, dando pruebas de ingratitud, de inconsecuencia y de necedad.

El general Morazán ha soportado, sin que sufra su reputación, el ataque de sus enemigos.

Él es verdaderamente un héroe y una gloria centroamericana.

Desde sus primeros actos se muestra patriota.

A consecuencia de haberse proclamado Guatemala independiente el 15 de setiembre de 1821, la provincia de Comayagua siguió a los que trabajaban en favor de la anexión al imperio mexicano. Tegucigalpa, por el contrario se pronunció independiente de España, de México, y de cualquiera otra nación, interviniendo en tan patriótica actitud los ciudadanos don Dionisio y don Justo Herrera, Francisco Morazán y otros.

Morazán se puso al frente de la primera compañía de los voluntarios que se reunieron aquel día en la ciudad Tegucigalpa venir a correr la suerte que corriera Guatemala.

Con tal motivo dice el padre Vallejo *(*)*: "El pueblo de Tegucigalpa abrazó la causa de la libertad con delirio y con locura y se presentó voluntariamente a tomar las armas, ofreciendo correr la suerte que corriera Guatemala, para lo cual se organizaron compañías que eligieron sus oficiales, siendo de los primeros don Francisco Morazán con el grado de teniente, quien poco después pasó a ser ayudante del primer batallón, desde cuyo puesto voló en alas de la fortuna a ser gran dignatario del Estado".

(*) Historia política y social de Honduras.

Esto demuestra que Morazán no era enemigo de Guatemala sino de los enemigos de la libertad que en ella se habían fortificado.

El 25 de septiembre de 1824, el jefe del Estado de Honduras, don Dionisio Herrera, nombró a Morazán secretario general del gobierno; y poco después lo comisionó para que fuera a la ciudad de Tegucigalpa a calmar la excitación del pueblo que pretendía separarse del gobierno de Comayagua.

El nombramiento de secretario general del gobierno indica las aptitudes del general Morazán.

El señor Herrera era uno de los centroamericanos más ilustrados de su tiempo; poseía notables dotes intelectuales; se distinguía por la firmeza de su carácter, y se le reconocía, además, como hombre de circunspección y tino. Su gobierno era progresista; procuró organizar las rentas, las milicias, la administración de justicia y trató de fomentar la agricultura y la inmigración.

El 6 de abril de 1826, se instaló el primer Consejo Representativo del Estado siendo su Presidente, Morazán.

La conducta del Presidente de la República de Centroamérica, don Manuel José Arce, observada de acuerdo con las aspiraciones del partido aristocrático de Guatemala, encendió la guerra civil. Quería colocar al frente de cada uno de los Estados a personas que le obedecieran ciegamente.

Con tales miras y alegando fútiles pretextos, envió a Honduras una fuerza al mando del coronel don Justo Milla, quien en el mes de abril de 1827 sitió la ciudad de Comayagua, la saqueó e incendió. Habiendo llegado la noticia al recinto de la plaza, la cual se defendía heroicamente, de que en Tegucigalpa se hacían preparativos para atacar por retaguardia a los sitiadores, Morazán, acompañado del comandante general Remigio Díaz y de otros, dispuso escaparse para activar los preparativos.

En efecto, al llegar a Tegucigalpa, Díaz organizó una fuerza de 300 hombres, y se puso en marcha para socorrer a Comayagua; pero en la hacienda de la Maradiaga, una fuerza de Milla, mucho mayor, al mando del teniente coronel Hernández, trató de cortarle el paso.

Díaz tuvo necesidad de sostener un fuego nutrido durante hora y media, y consiguió retirar al enemigo. "Morazán se distinguió en la acción por su valor y arrojo.".

No habiendo podido llegar el auxilio que de Tegucigalpa esperaban los sitiadores, el traidor Antonio Fernández, comandante de la plaza de Comayagua, encontró la oportunidad de celebrar una capitulación que puso a disposición de Milla todo el Estado.

El jefe Herrera fue conducido preso a la ciudad de Guatemala; y Morazán, después de haberse dirigido al encuentro de una fuerza que en auxilio enviaba el vicejefe del Estado del Salvador, la cual no llegó a tiempo, dispuso permanecer en Honduras y pidió a Milla las garantías necesarias que le fueron concedidas.

Morazán, entonces, confiado en las seguridades que acababa de recibir, se dirigió al pueblo de Ojojona, lugar que había elegido para vivir tranquilamente con su familia. Diez horas después de haber llegado a Ojojona fue reducido a prisión, se le llevó a Tegucigalpa y allí se le puso en la cárcel, de la cual consiguió evadirse, veintitrés días después, para ir a Nicaragua, sin que hubieran podido cumplirse las órdenes que se dictaron para su aprehensión.

Morazán consiguió reunir en Nicaragua una fuerza de ciento treinta y cinco hombres entre jefes y oficiales: y en Choluteca, con un auxilio que le enviaba el pequeña gobierno del Salvador, formó la columna con que atacó a Milla en el campo de la Trinidad, habiendo adquirido la victoria que inició la serie de triunfos por él obtenidos y que le recomiendan como el primer soldado de la América del Centro.

Enseguida ocupó la Jefatura del gobierno del Estado de Honduras, en concepto de Presidente del Consejo Representativo; y algunos años después, siendo ya Jefe del mismo Estado por elección popular, (1830), fue electo Presidente de la República de Centroamérica.

Morazán llegó al mando supremo por sus propios méritos, por su valor, por su táctica, por sus prestigios alcanzados en los campos de batalla; llegó para hacer la revolución de ideas, la revolución social y llegó sosteniendo la unidad nacional y la grandeza de Centroamérica.

Morazán aparece en la vida pública desde el año de 1821 afiliado al partido que combatió la anexión primero y el fraccionamiento después, y figuró en acontecimientos importantes.

Su gran valer lo manifiesta la insistencia con que lo atacaron sus primeros detractores.

Estos fueron Arce y Montúfar Coronado. Arce subió a la primera magistratura de la nación, porque su carácter favorecía determinadas miras y porque se pusieron en juego algunas maquinaciones con el objeto de que la Asamblea lo declarara electo, a pesar de haber obtenido don José Cecilio del Valle, la mayoría de los sufragios.

Así fue el general Arce declarado primer Presidente de la República Federal de Centroamérica; y a su primer Presidente debe la América Central todas sus desgracias.

Si en vez de un hombre raquítico, egoísta y presumido, hubiera comenzado a regir los destinos de la República, un ciudadano juicioso, inteligente y patriota, la suerte de esta sección del continente habría sido distinta.

Por desgracia pasó a Centroamérica lo que sucede a los países republicanos, que llaman generalmente para que los gobierne a los ciudadanos menos aptos o menos desinteresados.

Se cree por muchos que no convienen en los primeros puestos los hombres de carácter, que piensan y que saben, porque no pueden estar sometidos a determinadas influencias, y porque para dirigir la marcha de un pueblo, basta disponer de algunos destinos públicos.

¡Qué equivocaciones tan funestas! ¿Por qué para los demás cargos se piden aptitudes especiales? Parece paradoja; pero lo cierto es que para los mejores puestos se exigen menos condiciones.

No se da un destino de escribiente sino al que puede desempeñarlo; no se da una judicatura, por lo regular, sino al que tiene alguna competencia; pero no se hace lo mismo con los cargos más importantes de la administración pública.

Cualquiera se cree con derecho a ambicionar un ministerio o la presidencia de la República, pensando que la democracia pone esos puestos indiferentemente a disposición del primero que los quiera tomar.

La democracia exige para el desempeño de los empleos públicos las condiciones de honradez y competencia; y si se observaran estrictamente las reglas de sus instituciones, no habría una sola república mal gobernada.

Al general Arce le faltaban las cualidades más precisas y Centroamérica fue la víctima.

Don Manuel Montúfar Coronado era superior. Había llegado a ser nombrado vicejefe del Estado de Guatemala; tenía una buena educación y una inteligencia muy clara; era ilustrado y de carácter. Fue siempre considerado como una de las primeras personas de su círculo, y aunque miembro del partido servil, nunca transigió con Carrera. Prefirió morir lejos de la patria, antes que venir a presenciar lo que aquí pasaba.

En los escritos de ambos se nota la diferencia que entre ellos existía y se nota más esa diferencia si se comparan con los del general Morazán. En sus memorias, éste sólo se defiende de los cargos que se le hacen. Su lenguaje es comedido y respetuoso, es el lenguaje de un caballero convencido de que dice la verdad y que no necesita de epítetos ofensivos para demostrar que sus adversarios están equivocados.

Nadie puede quejarse de la suavidad con que corría la pluma de Morazán ni del tono que él empleaba en su defensa.

Con el objeto de que se conozca algo de lo que se ha dicho en su favor, copiamos lo siguiente que debemos al notable escritor doctor don Antonio Grimaldi. Dice así: "Para dar una idea más aproximada de este hombre extraordinario, vamos a referirnos al testimonio de un extranjero nada sospechoso y más autorizado que nadie para valuar a Morazán.

Nicolás Raoul, francés de pura estirpe, militó en las filas de Napoleón Bonaparte, y emigró de su patria después de la batalla de Waterloo y abdicación del emperador el año de 1815.

En Centroamérica conoció a Morazán, lo siguió en la guerra y salió del país cuando su jefe terminó su grandiosa carrera. Se radicó en París y ya anciano, cuando se habían enfriado las memorias de ambos guerreros, hizo en una culta tertulia parisiense el siguiente paralelo.

´Napoleón hizo su carrera militar en el mejor colegio de esa época, bajo la dirección de los mejores jefes.

Morazán no tuvo instrucción ninguna en la milicia, ni quiso tomarla prácticamente en los cuarteles, ni hubo jefes a quienes imitar; pero sus planes de guerra y sus combates dejan tanto que admirar como los de Napoleón. Bonaparte debió sus triunfos al soldado francés, al entusiasmo francés, a los cuantiosos recursos de una nación pródiga y ávida de gloria. Morazán sin recursos, con unos pocos texiguats y curarenes, dio combates desiguales y triunfó siempre contra fuerzas muy superiores, debido todo a su propio genio.

Napoleón aprovechó los elementos de la civilización, la cultura y prestigio de la Francia; conferenciaba con los primeros políticos y militares de Europa, recogiendo todo un caudal de inspiraciones y conocimientos.

Morazán vivió en otro medio; reinaban en Centroamérica las tradiciones de la Edad Media; el retroceso era el alma de la sociedad, y sin su genio iniciador y reformista, nada se habría hecho. Los pocos hombres que le seguían, más bien se inspiraban en las ideas del jefe.

Napoleón aprovechaba las cosas existentes; Morazán las creaba, porque nada existía capaz de entrar en el plan del porvenir.

Las ideas de Bonaparte eran las de Francia, bastaba seguirlas para contar con el éxito: las de Morazán no eran las de Centroamérica en su inmensa mayoría, y la lucha debió empezar por allí.

Napoleón profesó distintas opiniones en la política y en la corte pontificia; Morazán las mismas siempre. Napoleón buscaba su propio engrandecimiento y el de Francia: Morazán exclusivamente el de su patria.

Francia, teatro de Napoleón, no puede compararse con Centroamérica, teatro de Morazán; pero en la comparación de los dos genios fácil es comprender quién lleva la ventaja.

Napoleón representa la autocracia en su más alta expresión; Morazán representa la democracia en toda su pureza y en su más genuina manifestación.

Napoleón sólo tiene fe en la fuerza y la emplea durante su vida. Morazán sólo reconoce la fuerza del derecho y el ejército le sirve para afianzar las instituciones.

Napoleón conquista; Morazán estrecha los vínculos de la federación y recorta los abusos del pasado. Napoleón tenía mucho de cómico; Morazán nada.

En materia de virtudes Napoleón no puede sostener el paralelo con Morazán´"".

Los demás escritores imparciales que del general Morazán se han ocupado hacen también honor a su memoria.

Entre ellos están Stephens, Alfredo de Valois, Lastarria, Bancroft. Es indudable que Morazán tenía importancia propia por sus excepcionales cualidades. Fue estimado donde quiera que estuvo, por su cultura, su inteligencia, su caballerosidad, y hasta por su figura, que era distinguida.

Un notable orador salvadoreño ha dicho: "La patria de los Incas recibe al héroe centroamericano con inusitada pompa en el palacio de los virreyes. Morazán rehúsa modestamente el mando de una considerable división peruana que debía operar sobre el ejército chileno y acepta solamente del mariscal Gamarra y de los generales Echenique y Bermúdez algunos auxilios con los cuales vuela a las costas de Centroamérica, toca en El Salvador en donde recoge sus numerosos adictos, desembarca en Puntarenas que le abre el camino de la victoria, abate la dictadura de Carrillo y penetra en la ciudad de San José en medio de las mayores ovaciones. Mas allí, una inicua e infernal traición preparada por el partido separatista, cuya influencia perniciosa había penetrado en aquel Estado, le entrega con Saravia y Villaseñor, después de heroica y sangrienta lucha en manos de sus despiadados y frenéticos enemigos".

Murió fusilado el 15 de setiembre de 1842 en San José de Costa Rica. Así terminó la vida del más grande y más importante de los hijos de la América del Centro.

Llegó a ser el jefe del partido liberal por su notable superioridad, la cual reconocen los centroamericanos, exentos del odio que alimentan las mezquinas pasiones lugareñas.

Guatemala, 2 de enero de 1896.

Rafael Montúfar.

EL GENERAL FRANCISCO MORAZAN

Un periódico conservador, que se publica en Guatemala, nos dice lo siguiente: "Entre muy breves días tendrá lugar el primer centenario del nacimiento del general Francisco Morazán. Desde luego suponemos que el gobierno de la República no tomará parte en los festejos con que algunos individuos pretenden celebrar aquel suceso. Morazán era enemigo acérrimo de Guatemala, a quien procuró causarle todo el mal posible y humillarla para quitarle su preponderancia en Centroamérica, lo que jamás pudo lograr, gracias a la constancia y celo con que la defendieron los buenos patriotas guatemaltecos".

Digno de notarse es que, en medio de tantas palabras, no se encuentra más que una verdad. Esta es que ha llegado el centenario del vencedor de Gualcho.

Existe un documento histórico cuyos conceptos revelan que en la iglesia parroquial de San Miguel de Tegucigalpa, a dieciséis de octubre de 1792, don Juan Francisco Márquez, cura y vicario, juez eclesiástico de aquel beneficio, bautizó solemnemente a un niño que nació el 3 de dicho mes, a quien se puso por nombre José Francisco, hijo legítimo, y de legítimo matrimonio, de don Eusebio Morazán y doña Guadalupe Quezada, de aquella feligresía.

Todas las dudas que se han suscitado sobre el origen del general Morazán, desaparecen como la niebla ante la autenticidad de texto tan importante. Las falsas apreciaciones del periódico conservador a que nos referimos no son nuevas.

Desde el memorable 13 de abril de 1829, en que el partido conservador fue vencido en la plaza de Guatemala, pululan calumnias contra el héroe cuyas sienes ciñó la victoria en aquel venturoso día. No hay diatriba que no haya sido lanzada con el fin de obscurecer la verdad histórica de uno de los acontecimientos más gloriosos de Centroamérica.

Esto no sólo acaece entre nosotros. En todas partes donde un pensamiento regenerador se levanta, aparecen adversarios que lo increpan.

La revolución de Francia, triunfante en 1789, ha tenido detractores que sin tregua la han escarnecido; pero aquel grande acontecimiento dominó a sus enemigos, y con asombro del mundo vimos celebrar su primer centenario el 14 de julio de 1889.

En 1830 existían todavía en Guatemala ancianas que habían sido esclavas de aristócratas.

Aquellas infelices mujeres fueron entonces designadas por sus amos para denigrar a Morazán. A ellas les enseñaron estas palabras, que se han repetido incesantemente: "Morazán viene a destruir a Guatemala, porque tiene envidia a nuestros templos, a nuestros bellos edificios y a nuestra grandeza".

Tales personas no conocían la historia. Ignoraban cuáles eran los asuntos vitales de Centroamérica, y solo juzgaban por lo que más vivamente hería sus ojos.

Los fuegos del combate afirmaron sus creencias y decían: "Morazán hace fuego a la plaza: luego quiere destruir la ciudad para que los otros Estados vengan a dominar sobre sus ruinas".

He aquí el criterio de nuestros adversarios. Si él revelara la verdad el gobierno, en vez de celebrar en Guatemala el centenario de Morazán, debería izar el pabellón a media asta el día de su nacimiento. Pero la verdad es otra. Morazán quería la unidad de Centroamérica mediante el sistema federativo, como la quiso Jackson, como lo quiso Lincoln. Quería la grandeza de su patria, como Garibaldi, como Cavour.

Un partido deseaba la desunión. Aspiraba a convertir en cinco fracciones el antiguo todo.

Vino una lucha entre unionistas y separatistas y esta lucha presenta la epopeya de 1827 a 1829. Es una injusticia asegurar que propendía a destruir a Guatemala el que solicitaba que su bandera, unida a todas las banderas de Centroamérica, fuera respetada.

El origen de los partidos unionista y separatista es muy antiguo y muy funesto.

Cuando se hizo la independencia, el clero y la aristocracia se unieron a México, bajo la corona de Agustín I, porque deseaban títulos de hidalguía. El partido que pertenecía al pueblo, aspiraba a la república bajo las formas democráticas.

16

Una reñida lucha hubo entre los Estados y la aristocracia guatemalteca: esta lucha dio por resultado el triunfo de la república.

Una Asamblea Nacional Constituyente fue instalada. En ella se discutió con acaloramiento la forma de gobierno que debía adoptar Centroamérica.

Los liberales, que habían sufrido la guerra del imperio, deseaban crear un gobierno federativo para que todos los Estados tuvieran igual valimiento en él, y no se repitiera la intentona monárquica.

Los liberales triunfaron y la federación fue decretada: pero la aristocracia y el clero no se conformaron con aquella forma de gobierno, y le hicieron la guerra sin tregua por medio de incesantes asonadas. Ellos no querían la participación del gobierno en todos los Estados. Pretendían dominarlo todo como señores feudales.

En 1826 obtuvieron el triunfo que solicitaban. El Presidente de la República, Manuel José Arce se unió a los nobles y al clero, hizo traición a su partido y conculcó la constitución que había jurado sostener.

Aquel golpe debía cambiar el sistema federativo en unitario, y Arce redujo a prisión al Jefe del Estado de Guatemala, arrojó de la silla al Jefe del Estado de Honduras y revolucionó al Salvador.

Los salvadoreños lo rechazaron y el jefe Prado permaneció en el gobierno.

Morazán tomó parte en el movimiento para sostener la Constitución, y en el Cerro de la Trinidad dio a conocer por primera vez el brillo de su espada.

La lucha continuó entre los que habían hollado la Constitución y los hombres que la sostenían, y el general Morazán, marchando de triunfo en triunfo, ocupó la plaza de Guatemala el 13 de abril de 1829.

Una nueva era se abre entonces a nuestros ojos. El pasado de 1829 no fue el pasado de 1871.

El 71 solo dejaba treinta años de obscuridad; el 29 salía de una prolongada noche de más de trescientos años. Durante ese lúgubre período nuestra única guía fueron los monjes, los inquisidores y los jesuitas.

Un momento feliz hubo en que se vio brillar la luz. Fue aquel glorioso instante en que la espada de Napoleón I hizo pedazos el Santo

Oficio; pero nuestros conquistadores no pudieron soportar reforma tan radical y la Inquisición reapareció en España con Fernando VII.

Este era el terreno que se presentaba a Morazán en 1829, y sobre él debía levantar una república al nivel de las ideas del siglo en que vivimos.

La lucha que al efecto se verificó fue incesante, y la transformación pudo operarse sin que sobre el cadalso político corriera una gota de sangre.

He aquí el gran crimen de Morazán a los ojos del partido conservador. Ese partido quería una corona imperial, y Morazán la combatía. Ese partido quería que no hubiera nacionalidad centroamericana y Morazán aspiraba a ella. Ese partido quería que cada uno de los cinco jirones en que habían convertido la República fuera regido autocráticamente, y Morazán anhelaba su unidad y su grandeza.

El fraccionamiento entrañaba las ideas más siniestras contra la independencia e integridad de Centroamérica.

Se solicitaba que la América Central fraccionada, quedara sujeta al protectorado británico y que la Mosquitia extendiera sus alas sobre su territorio.

Durante diez años se ocuparon los periódicos conservadores en el sostenimiento de aquel protectorado.

Los liberales comprendían que del protectorado a la colonia no hay más que un paso, y lo rechazaron con indignación y energía.

Ellos hacían esfuerzos para salvar a la patria; pero eran inútiles. El genio extraordinario que había levantado con gloria su bandera, ya no existía. La muerte había cerrado sus ojos el 15 de setiembre de 1842 y el conflicto crecía de hora en hora.

Pero la suerte de los pueblos suele encontrar salvadores.

Una luz resplandeciente que procedía del Capitolio de Washington se dejó ver en Guatemala. El 19 de abril de 1850 se firmó en la capital de los Estados Unidos un tratado que se llama Clayton-Bulwer. En él se estipula que ni los Estados Unidos, ni la Gran Bretaña podrán ejercer protectorado sobre ninguna sección del territorio centroamericano.

Aquel tratado fue un golpe de gracia para los conservadores.

Sus periódicos, que tanto clamaban en favor del protectorado, enmudecieron. No se volvió a mencionar el asunto y las alas de la Mosquitia fueron cortadas.

¡He aquí las ideas del general Morazán triunfando después de su muerte; he aquí sus pensamientos, he aquí sus patrióticos esfuerzos!

Morazán no fue enemigo de Guatemala, sino del sistema separatista que ha reducido a la nada el gran poder de Centroamérica.

El soldado de la Unidad Nacional se levanta hoy de su tumba y, exhibiendo la historia, demuestra la verdad y pulveriza las calumnias con que sus enemigos intentan mancillar su nombre.

UNA RESPUESTA

Indignados están los enemigos del general Morazán, porque el Gobierno ordenó que se celebre solemnemente el primer centenario del héroe.

Muchos cargos se le hacen hoy; pero ninguno, como hemos dicho en otra parte, es nuevo. Todos están contestados tiempo ha, y aquellas contestaciones abundan en documentos justificativos.

Ahora sólo vamos a fijarnos en un aserto. Se dice que Morazán no supo sostener la federación.

A esto contestaremos que la constitución de 1824 tenía defectos que la hicieron impracticable. Esos defectos alentaban a los enemigos de la unidad nacional, y mantuvieron al presidente Morazán en incesante inquietud.

El jefe de la Nación se sobrepuso a todo, y gobernó dos períodos constitucionales, sin que ningún partido, ni todos los partidos juntos, pudieran derribarlo.

Concluido el segundo período constitucional abandonó el poder, dejando meditada una reforma que, salvando todos los defectos de la ley fundamental, daba a la República una organización permanente. Todo esto necesita explicaciones y es preciso presentarlas.

Entre los defectos que la Constitución tenía, se hallaba uno de gran magnitud. Este era que aquella ley se llamaba federativa sin serlo.

Bajo el sistema federal es indispensable que haya igualdad en los Estados.

Esto no siempre puede obtenerse por medio de la población, porque unos Estados son mayores que otros; pero se obtiene fácilmente por medio de combinaciones políticas.

En los Estados federales existen dos cámaras. Una representa al pueblo, y la otra a los Estados, en su calidad de cuerpos autonómicos.

La cámara que representa al pueblo, se llama regularmente Congreso de Diputados, y la forma el número de representantes que la ley fundamental designa. Es mayor o menor según la población. Algunas leyes fijan un diputado por cada veinte mil habitantes.

Si solo esa Cámara hubiera en los gobiernos federativos, no podría existir la igualdad legal. Mandarían los Estados grandes y tendrían que recibir la ley los Estados pequeños.

La igualdad en el gobierno federativo, la produce otra Cámara que se llama Senado.

Esta se compone de dos senadores por cada Estado. Un Estado grande envía a ella dos senadores, y un Estado pequeño le envía también dos senadores. La Cámara de Diputados dicta las leyes con la aprobación del Senado, resultando de esta hábil combinación una perfecta igualdad legal.

Nuestra Constitución de 1824 tenía dos Cámaras, es verdad; pero el Senado se hallaba anonadado y no podía llenar sus altas funciones.

Lo anonadaba un artículo de la Constitución que dice que si el Senado niega la sanción de una ley, se presente de nuevo al Congreso y ratificada por él, tenga fuerza obligatoria.

Con frecuencia sucedía que el Senado representando la igualdad centroamericana, rechazara un decreto del Congreso, a cuya observancia se oponían los Estados, y que siendo ratificado por el mismo Congreso, el general Morazán, como jefe de la Nación, tuviera que ponerle el "cúmplase" y soportar el disgusto que tal conducta producía.

Este gran error de la Constitución de 1824 fue causa de infinitos males, y puede decirse que en virtud de él, la federación sólo existió en el nombre.

Nuestros políticos que aseguran que la federación nos perjudicó, se equivocan, porque bajo aquel régimen no existió tal federación, ni se supo legalmente lo que era. Otro vicio enorme, que hacía la Constitución imposible, fue la falta de un distrito federal.

El Presidente de Centroamérica y su gabinete, no tenían donde alojarse.

Unas veces eran acogidos como huéspedes en un Estado y otras, en otro; y siempre eran mal vistos por el jefe que creía favorecerlos dándoles albergue.

Gálvez con todas sus altísimas cualidades, no miraba con gusto la sombra de Morazán en su propio Estado, y surgían cuestiones difíciles de resolver hasta por la asistencia a los templos.

Para evitar dificultades, se ordenó que en una asistencia oficial, las autoridades de la República, se presentaran en la Catedral, y las autoridades del Estado, en Santo Domingo. Estas se creyeron humilladas y hubo un conflicto, cuyas fatales consecuencias debían pesar sobre el general Morazán.

Una ley declaró Distrito Federal el Estado de Honduras; pero para darle cumplimiento, era preciso reformar la Constitución y su reforma necesitaba muchos trámites que no pudieron llenarse.

Durante la discusión se dio otro decreto, designando la ciudad de Sonsonate para Distrito Federal, y tampoco tuvo cumplimiento, porque si bien las autoridades federales hicieron temporada en Sonsonate, esta fue muy corta, y se trasladaron a San Salvador, ciudad que fue entonces capital de la República.

La traslación de la capital a San Salvador produjo necesariamente el envío de los archivos y de otros objetos, entre los cuales estaba un reloj anticuado.

Todo esto dio lugar a severas censuras contra el Presidente de la Nación.

El jefe del Estado del Salvador, Joaquín San Martín, indignado porque se le inquietaba en sus dominios, se sublevó contra el Presidente de la República, y fue preciso que Morazán hiciera brillar una vez más su espada para restablecer el orden.

Otro vicio enorme de la Constitución de 1824, consistía en la poca autoridad y ningún poder que se otorgaba a la Corte Suprema Federal.

Careciendo de autoridad y de poder esa Corte, no existe una federación y los Estados se hallan tan separados como cualesquiera potencias independientes en el gran mapa de las naciones.

Si un Estado tiene una cuestión con otro Estado, donde verdaderamente la federación existe, esa cuestión no la dirime la artillería, sino la alta Corte.

Aquí surgieron a cada paso cuestiones entre los Estados y no fueron resueltas por la Corte, porque carecía de poder y autoridad.

No habiendo juez en la Nación, se acudía a la fuerza, quedando el país enteramente sin liga federativa.

Si se examinan todos los vicios de la Constitución de 24 y se contemplan las fatales consecuencias que cada uno de ellos produjo, se admirará cualquiera de que el general Morazán se haya podido sostener en el gobierno durante dos períodos constitucionales, observando leyes irregulares y hasta monstruosas, por no faltar a lo que él llamaba sus deberes.

Él comprendía mejor que ninguno los vicios de la ley fundamental y deseaba una reforma; pero los separatistas que existían desde el año de 1827, según asegura Milla en la biografía de Pavón, aspiraban a que se operara un completo fraccionamiento a la sombra de reformas.

Con este motivo, el Presidente de la República marchaba a paso lento, en tan importante asunto.

El reunió a los políticos más experimentados y de acuerdo con ellos, se dictaron disposiciones que subsanando los vicios ya expresados, colocaban al país en la verdadera senda federativa; pero los trastornadores impidieron que se realizara aquel pensamiento salvador y con mucha sagacidad, condujeron a Centroamérica a la situación en que se halla.

CENTROAMÉRICA DEBE A MORAZÁN LA LIBERTAD DE CONCIENCIA

El general Francisco Morazán rompió con su espada, en este país, las cadenas de la intolerancia, que pesaban sobre España desde la conversión del monarca Recaredo. Desde entonces aquella Nación fue el patrimonio de la teocracia.

Cambios políticos presenta la historia; pero ninguno capaz de conmover el horrible edificio de la esclavitud de la conciencia.

Las Cortes de Cádiz parecía que daban vida al mundo. Grandes oradores levantaban allí su voz. El poder absoluto de los reyes se hacía pedazos y todo anunciaba días de libertad y ventura; pero la esclavitud de la conciencia permaneció firme, y nuestros legisladores de Cádiz no se avergonzaron al consignar en la Ley Fundamental este artículo monstruoso: "La religión católica, apostólica, romana, única verdadera, es y será siempre la religión de la Nación española, con exclusión de cualquiera otra".

La Constitución de Cádiz, que ha sido el enemigo de los conservadores, porque limitaba el poder de los reyes, ensanchó la esclavitud de la conciencia.

En las antiguas leyes no estaba prohibido que las futuras generaciones dieran culto a Dios según sus creencias.

Pero esta Constitución vino a establecer esa reforma espantosa. Cualquier pensador creerá que se verificó un cambio con la Independencia de Centroamérica. Pues no fue así. El artículo X del acta de 15 de setiembre afianzó una vez más la teocracia.

Muy liberales fueron los autores de la Constitución Federal de 1824; pero aquella ley no estableció la libertad ni aun la tolerancia religiosa. Uno de sus artículos dice que la religión de Centroamérica es la católica, apostólica, romana, con exclusión del ejercicio público de cualquiera otra.

La reforma religiosa no existió en la América del Centro antes del triunfo del general Morazán.

Morazán no era un autócrata. Estaba sujeto a la Constitución y a las leyes; pero su genio y su empuje regenerador verificaban modificaciones salvadoras.

El 2 de mayo de 1832 el Congreso Federal decretó que todos los habitantes de la República son libres para adorar a Dios según sus creencias, y que el Gobierno Nacional protegería el ejercicio de esta libertad.

Ese decreto bien acogido en los Estados se mandó publicar como ley fundamental de la República.

En todos los países libres de la tierra fue celebrado con entusiasmo, y el nombre de Morazán se inscribió entre los benefactores de la humanidad.

LA GUERRA DE 1829

Muy ofendidos se hallan los enemigos del general Morazán por las manifestaciones que se han hecho en favor de su memoria, y llueven cargos contra él.

Sin embargo ninguno es nuevo. Todos han sido, tiempo ha, contestados victoriosamente.

Ahora se asegura que el general Morazán ocupó la plaza de Guatemala en virtud de una capitulación que fue infringida por él.

Es preciso referir el origen de la guerra de 1829, sus progresos y su fin.

Todos sabemos que después de la intentona monárquica de 1822 una Asamblea Nacional Constituyente decretó la ley fundamental de la República, y que el partido conservador la combatió hasta darle el golpe de 1826. Entonces se disolvieron las autoridades de Guatemala y Honduras, se amenazó al Salvador y a todo Centroamérica.

Quedó en pie Prado, jefe salvadoreño, a quien auxilió el general Morazán con bizarría. Desde ese golpe nada hubo legal en la República. Todas las autoridades eran gobiernos de hecho.

El prestigio de Morazán y la gloria de su nombre agruparon en torno suyo al partido liberal de Centroamérica, y comenzó una guerra de hegemonía que, como muy bien sabemos, es la que hace un Estado confederado, para sobreponerse a los otros Estados.

Enseguida vemos al gobierno del señor Aycinena atacado, no sólo por los otros Estados sino también por Guatemala.. Los departamentos de occidente lo combatían y los del centro le eran hostiles.

En la Antigua se crearon nuevas autoridades a cuyo frente estaba el señor Zenteno con el título de jefe del Estado de Guatemala, y trabajaba sin cesar en favor de Morazán.

Otros pueblos se le unieron y el señor Aycinena solo contaba con los soldados reunidos en el recinto de la Plaza.

Entonces le fue preciso solicitar una capitulación que Morazán aceptó. En ella fue estipulado que se entregaran al vencedor todo el armamento y elementos bélicos que existían en la Plaza, artículo que no fue cumplido. Oigamos al coronel Raoul.

"Hay felonías, dice, que están fuera del alcance de la previsión más desconfiada. ¿Quién hubiera podido creer que los jefes de Guatemala prescindiesen de la suerte de la ciudad, de los intereses de sus familias y aun de sus propias vidas para satisfacer el odio implacable que tienen a los principios liberales? Sin embargo la capitulación era apenas firmada cuando distribuyeron a los soldados de Guatemala efectos y valores pertenecientes al servicio público, que según la capitulación debían sernos entregados. Una información se siguió militarmente para averiguar si los jefes vencidos habían cumplido o no sus compromisos y el resultado fue adverso para ellos".

Ahora se asegura que el coronel Saget, comisionado para recibir el armamento, formó de él una lista que arrojaba un número de armas igual al que figura en la primera lista y con este aserto cantan victoria; pero no dicen que el mismo Saget afirma que la diferencia estaba en que en una lista aparecían armas inútiles y en la otra buenas.

Tampoco dicen que el general Morazán sostiene, en sus Memorias, que más tarde se descubrió el fraude porque el armamento que los conservadores debieron entregar en 1829 lo pusieron en manos de Carrera, diez años después. Lo habían tenido oculto en las bóvedas de la Catedral.

¿Pero qué perdieron los conservadores con la ruptura de la capitulación? Nada, absolutamente nada, porque lo que aquella capitulación les garantizaba, lo tuvieron aún después de rota.

Les garantizaba las vidas y las propiedades, y a nadie se mató, ni se confiscaron sus bienes.

Sobre el cadalso político no se derramó una gota de sangre. Lo que hubo entonces fue un proceso, seguido por el sabio Valle, que dio por resultado expulsiones de territorio por más o menos tiempo.

LA RUPTURA DE LA CAPITULACIÓN

Un periódico conservador asegura que se sabe por confesión del general Morazán, que el armamento que se devolvió era igual al que había necesidad de entregar, y sin embargo se anuló la capitulación,

Esto no es exacto. Lo que el general Morazán asegura en sus "Memorias" es que era casi igual y que la diferencia consistía en que se devolvieron armas inútiles, habiéndose recibido otras que estaban en buen estado.

Oigamos a Morazán.

"El señor Arce ha querido inculparme en sus Memorias. En ellas pretende demostrar, con los mismos estados que yo cito, el no haber habido ninguna falta de parte de los vencidos. Si en dichos dos estados aparece un número de armamento casi igual, es porque en uno se comprendieron las armas inútiles que había en los alma- cenes, en tanto que en el otro sólo figuraban los fusiles útiles que se hallaban en manos del ejército enemigo".

La palabra *casi* es muy significativa y tiene mucho uso en jurisprudencia. A la palabra *casi* la consideran los juristas como nota de semejanza, o de impropiedad, y convienen todos que cuando se emplea se tiene por incompleto lo que a ella sigue; de manera que en el presente caso Morazán indicaba que no se había completado el armamento que debía devolverse. Pero las leyes de la guerra son muy estrictas y muy severas y las capitulaciones deben cumplirse sus partes, y no a medias.

Para infringir la capitulación lo mismo era no entregar todo el armamento que faltara la entrega de un solo fusil. Sigamos oyendo a Morazán.

"Varias pruebas podía aducir para poner en un punto de vista claro el hecho a que me refiero, todo lo descubre, no hubiera venido a justificar la conducta que observé aquella vez, presentando como una prueba irrefragable el armamento que de las bóvedas de la Catedral de Guatemala sacó Carrera a la vista de todos, el mismo que el año de 1829 fue el objeto de mis reclamos y la causa porque se anuló la capitulación".

El general Morazán añade lo siguiente:

"Por el artículo 6° de la dicha capitulación se garantizaba la vida y propiedades de todos los individuos que existían dentro de la plaza. Esta era la única seguridad que se les daba. A nadie se castigó con la pena de muerte, ni se le exigió por mi parte ninguna clase de contribuciones. La capitulación fue rigurosamente cumplida aún después de haberse derogado. La obligación cedió entonces su lugar a la generosidad, y no tuve de que arrepentirme. Y no se diga que faltaba sangre que vengar, agravios que castigar, reparaciones que exigir. Entre otras muchas víctimas sacrificadas los generales Pierzon y Merino, fusilados, el uno sin ninguna forma judicial y arrancado el otro de un buque extranjero para asesinarlo en la ciudad de San Miguel, pedían entonces venganza, así como los incendios y saqueos de los pueblos del Salvador y Honduras demandaban una justa reparación".

Se confiesa que son tachables los testimonios de Arce y de Montúfar Coronado por falta de imparcialidad. En efecto, ambos figuraron contra el general Morazán, el uno como del golpe de Estado de 1826 y el otro como mayor general en el sitio de San Salvador; pero se da entero crédito a don Miguel García Granados y con ese testimonio se declara vencido a Morazán en la polémica.

No somos aficionados a herir la memoria del general García Granados, quien tiene para nosotros grandes títulos de merecimientos; pero no lo podemos considerar imparcial respecto de Morazán, porque sus vínculos de familia lo ligaban a la aristocracia. Era nada menos que hermano político de don Manuel Francisco Pavón y de don Luis Batres.

En una agitadísima sesión que hubo en la Asamblea Constituyente de 1848, algunos diputados liberales trataron de formular una acusación contra el ex ministro Luis Batres, y García Granados exclamó ante los diputados y la galería: "No puedo proceder contra don Luis Batres porque es mi hermano".

Desaparece, pues, lo intachable del único testimonio que aceptan los adversarios.

LA CAPITULACIÓN

ARTÍCULO 1

Inmediatamente después de los sucesos de 1829, a la ruptura de la capitulación se le dio una importancia que no tiene.

Se creía que sin aquel convenio el general Morazán no habría podido ocupar la plaza de Guatemala. Los partidarios de don Mariano Aycinena aseguraban, repitiéndolo sin cesar, que su jefe tenía elementos para sostenerse por mucho tiempo, y que solamente la influencia de personas perniciosas pudo conducir a celebrar un tratado funesto para él y su partido.

Las creencias sobre esta materia han cambiado y ¿quién podría pensarlo?, las hizo cambiar en gran parte la publicación del tomo 19 de la Reseña Histórica, donde se halla la correspondencia seguida entre el señor Aycinena y el general Morazán, la cual no deja ninguna duda. En el capítulo VIII del expresado tomo se encuentra literalmente lo que sigue:

"Al C. Francisco Morazán, general en jefe del ejército de Honduras y el Salvador.

Señor General: Creo haber llenado mis deberes defendiendo el Estado y la capital, hasta donde me ha parecido razonable.

Ahora propongo a usted se suspendan las hostilidades, interín se arregla una capitulación para la que estoy dispuesto, y espero se sirva usted decirme el punto a que deben concurrir dos jefes que anunciaré al efecto.

Tengo el honor de ofrecer a usted mis respetos y consideración.

D.U.L. —Guatemala, 11 de abril de 1829.

Mariano de Aycinena".

He aquí la aristocracia segunda vez vencida. El representante de la nobleza de Guatemala inclina la frente ante un hijo del pueblo de Tegucigalpa. La primera caída de los nobles, después de la independencia proclamada el año de 21, se debió al pronunciamiento de Casamata en México; la segunda la produjo el heroico esfuerzo de los centroamericanos. La primera dominación aristocrática vino de una monarquía: el efímero imperio de Iturbide y la invasión al Salvador por las fuerzas mexicanas, la segunda tiene un origen igualmente bastardo: el atentado que, hollando las constituciones federal y del Estado de Guatemala, redujo a prisión al jefe don Juan Barrundia, y ocasionó la muerte del vicejefe don Cirilo Flores. Ambas épocas consignan en la historia devastaciones y desastres.

La primera nos dio el triste ejemplo de que una sección centroamericana invadiera a otra. Huestes guatemaltecas llegaron hasta la capital de los salvadoreños, fueron incendiadas 22 casas, y otras muchas sufrieron el saqueo. Una segunda invasión imprimió en el territorio vecino huellas indestructibles de luto y de dolor; las mismas quedaron en Nicaragua por otra invasión servil guatemalteca que tenía por fin combatir a Granada y hacer triunfar al emperador Iturbide. Los nobles dejan aún otro recuerdo imperecedero de su primera dominación: la pérdida de Chiapas y de Soconusco, territorios que se anexaron a México con motivo del imperio, y que ya no volvieron a ser guatemaltecos. La segunda dominación de los nobles nos deja: el asesinato de Flores: los decretos de proscripción y de muerte dictados por don Mariano Aycinena, y más de una vez ejecutados con todas sus horribles circunstancias: las represalias salvadoreñas que trajeron la guerra hasta los campos de Arrazola: la revolución desastrosa de Honduras, el incendio de Comayagua, la sangre derramada en Chalchuapa, Quelepa, el Socorro, Suyapango, Gualcho, Ilobasco, Quezaltepeque, Mixco, San Miguelito, las Charcas, San Salvador, Mexicanos, Guatemala, y otros muchos campos más.

El general Morazán contestó a don Mariano Aycinena, en los términos siguientes:

"Al C. Mariano Aycinena, general de las fuerzas que existen en la plaza mayor de esta ciudad.

Señor General: Acabo de recibir la estimable nota de usted en la que, al manifestarme haber cumplido hasta hoy con su obligación, defendiendo este Estado y su capital, me propone suspensión de hostilidades para arreglar una capitulación, a cuyo efecto vendrán dos jefes por su parte al punto que señale. La posición en que me hallo no me permite perder un momento, ni convenir en otra cosa que no sea en la rendición de la plaza, ofreciendo que se garantizarán las vidas y propiedades de cuantos existan en ella.

Creo señor general, que está en los intereses de usted y de cuantos se hallan a sus órdenes el adoptar esta proposición, pues estoy seguro de que los nuevos esfuerzos no harán más que multiplicar víctimas y desmejorar su situación.

Tengo el honor de ofrecer a usted mis respetos y consideración. D. U. L. fecha utsupra.

Francisco Morazán".

El general Morazán no se dirige al jefe del Estado de Guatemala. Morazán no reconocía a Aycinena como jefe y no podía darle una denominación que suponía un carácter que él no había reconocido. El período constitucional de don Juan Barrundia no había terminado cuando este jefe fue separado por Arce, y de hecho vino al poder Aycinena.

Las autoridades disueltas el año de 26 se habían reinstalado en la Antigua, y Morazán se hallaba en relaciones con ellas. Aycinena sólo tenía ya poder sobre las fuerzas que existían en la plaza mayor de la ciudad. El armisticio que proponía era posible que no tuviera más fin que ganar tiempo. Morazán no podía admitir una demora que paralizara sus operaciones. Desde ese momento y él dicta la ley. Dice que no admite más que la rendición de la plaza, ofreciendo que se garantizarían las vidas propiedades de cuantas personas en ella estaban. Aycinena no era ya el hombre de los manifiestos del año 27, de los decretos de proscripción, ni de las órdenes militares de los primeros meses de 1829. Ya no llamaba a sus opositores un puñado de enemigos del orden, descamisados y forajidos. El poder de la fuerza le hacía variar de tono y presentarse como un cordero. Aycinena se espantaba ante la continuación del fuego. Comprendía que la plaza no podía sostenerse; que iba a ser tomada por asalto, no tenía la grandeza de alma de un romano para sufrir la muerte sin abandonar su puesto. Él contestó a Morazán en los términos siguientes:

"Al C. Francisco Morazán, general en jefe del ejército de Honduras y El Salvador.

Señor General: Al excitar a usted para una conferencia en que pudiesen fijarse las bases bajo las cuales pudiera ser ocupada esta plaza, no he tenido otro objeto que evitar la efusión de sangre y ahorrar víctimas a nuestra patria.

Veo con sentimiento que se desecha este medio tan necesario para arreglar puntos demasiado interesantes a ambas partes; y me queda la satisfacción de haber agotado mis recursos a fin de impedir la prolongación de los males consiguientes a la guerra. Aún es tiempo C. general, de poner término a estos desastres, cuya responsabilidad puede ya pesar sobre el gobierno que es a mi cargo.

La conferencia sería indispensable, aun cuando la plaza se hallase en el caso de una rendición, y no veo los inconvenientes que puedan impedirla, así como tampoco alcanzo que ésta llegue a verificarse sin una suspensión momentánea de hostilidades por ambas partes.

Tengo el honor de repetir a Ud. las seguridades de mi aprecio. — D. U. L. —Guatemala, 11 de abril de 1829.

Mariano de Aycinena".

Aycinena dice a Morazán que aún es tiempo poner término a esos desastres. Es sensible que él solo hubiera querido poner término a ellos, cuando no tenía más esperanza que la benevolencia del vencedor. No quiso aceptar la serie de proposiciones de arreglo que se hicieron durante la campaña de San Salvador.

Despojó de la primera magistratura de la nación a don Manuel José Arce, porque pretendía que hubiera arreglos de paz con los salvadoreños; en una carta a su primo don Antonio, dijo que emplearía medios desconocidos aun del mismo Maquiavelo para que no se impidiera la continuación de la guerra, y rechazó aun las proposiciones que ya adelantada la campaña sobre la plaza, se hicieron por medio del Ministro de Holanda, y a última hora, cuando estaba totalmente perdido, y aguardaba el asalto definitivo de sus fortificaciones, dice: Aún es tiempo, C. general, de poner término a estos desastres".

Morazán contestó esa nota con severidad y laconismo. He aquí sus palabras:

"Cuando usted se sirva decirme que conviene en lo que le he propuesto en mi nota de hoy, estaré pronto a admitir los comisionados que deban arreglar la capitulación, y entonces se suspenderán las hostilidades por el tiempo que sea necesario.

Señor General: los males de la guerra que afligen a Centro América, pesarán sobre los autores de ellos, y nunca sobre aquellos que la han hecho por defenderse, y por sostener los derechos del pueblo.

Tengo el honor de protestar a usted mis respetos y alta consideración. —D. U. L—Fecha utsupra.

Francisco Morazán".

Entre tanto, las fuerzas sitiadoras penetraban desde la casa de Marticorena, a las esquinas del padre Bustamante y de Yela, al frente del Sagrario, y el teniente coronel Jonoma preparaba una mina bajo la casa de Beltranena. Faltaban piedras de chispa y se encontraron 3,000 en la tienda de Yela, lo que dio mayor aliento al ejército aliado.

Había en las bocacalles granguardias que hacían caer sobre la plaza una lluvia de balas. Una de ellas puso fuera de combate a Pacheco, que con 30 hombres hacía tiros inútiles desde lo alto de la Catedral. La lluvia de balas que caía sobre la plaza, provocó una deserción que se había manifestado desde la noche anterior, y fue facilitada, según dijeron los desertores, por un oficial que tenía a su cargo una trinchera. Aycinena espantado cada vez más, envió al general Morazán un oficial con bandera blanca que conducía la comunicación siguiente:

"C. Francisco Morazán, general en jefe de las tropas de San Salvador y Honduras. Estoy de acuerdo con las bases que usted fija en su primera nota, y esto quise decir en la mía última. En tal concepto, mandaré los comisionados al punto que usted designe, desde luego que se sirva darme el correspondiente aviso.

Reitero a usted mis consideraciones y respetos. —D. U. L.— Guatemala, 12 de abril de 1829.

Aycinena, sin esperar que Morazán le contestara, envió a don Manuel Arzú y a don Manuel Francisco Pavón, con la nota siguiente:

"C. general Francisco Morazán. Los CC. brigadier Manuel de Arzú, y teniente coronel Manuel Francisco Pavón, son los comisionados que he nombrado para las conferencias en que se debe arreglar el modo en que ocupe usted la plaza con sus tropas. Ya he dado mis instrucciones, y suscribo a cuanto ambos convengan.

Reitero a usted mis consideraciones y respetos. —D.U.L.— Guatemala, 12 de abril de 1829.

Mariano de Aycinena".

Morazán, desde su primera contestación a don Mariano de Aycinena, dijo que no consentiría nada que no fuera la rendición de la plaza, ofreciendo garantizar las vidas y propiedades de cuantos en ella estuvieren. Aycinena quiso confundir el pensamiento de rendición con ideas de conferencias.

Morazán replica que sólo admite la rendición de la plaza. Agravándose las circunstancias, Aycinena acepta, disculpándose con que esto fue lo que quiso decir desde su primera nota.

Pavón y Arzú marcharon a rendir la plaza sin más ventaja para ellos que el respeto a las vidas y a las propiedades, lo que equivale a rendirse a discreción. En este concepto fueron admitidos en el campo enemigo conforme a las leyes de la guerra.

Don José Milla y Vidaurre en una noticia biográfica de don Manuel Francisco Pavón, dice: "La capitulación se había pedido a pesar del jefe Aycinena, que se proponía defender palmo a palmo la ciudad".

Esta aserción es enteramente inexacta. Ella procede de un vehemente deseo de presentar como grande héroe al jefe de los serviles y al primer representante de los nobles. Las notas preinsertas, atestiguan que Aycinena no sólo quería la capitulación, sino que la solicitaba con empeño, y que sus deseos de salvarse llegaron hasta el extremo de rendirse sin más condición favorable que la garantía de vidas y propiedades. Esto estaba ya estipulado en notas que hemos visto. Los comisionados no fueron al campo ene- migo más que a darle formas de estilo, agregando circunstancias accidentales.

Arzú y Pavón fueron recibidos por el general Morazán conforme a las leyes de la guerra, y en la casa de la Andrade, esquina de la plazuela de San Francisco, (Hoy plaza la Concordia) se firmó el siguiente documento:

Artículo 1º. Desde esta hora habrá una suspensión de armas y tanto el ejército del general Morazán, como el que se halla en la plaza, recogerán sus partidas a los puntos que ocupan, evitando todo acto de hostilidad.

Artículo 2º. Mañana a las diez del día entrará el ejército sitiador a la plaza principal de esta ciudad.

Artículo 3º. Las tropas sitiadas se replegarán antes de este acto a sus cuarteles, y se depositarán en la sala de armas todas las existencias en la plaza mayor.

Artículo 4º. El general Morazán, si lo tuviere por conveniente, incorporará a su ejército los individuos de las fuerzas capituladas que no quisieren ser licenciados, ya sean de las milicias del Estado, o de la fuerza federal que exista unida a ellas.

Artículo 5º. Cuatro comisionados del ejército sitiador, pasarán mañana a las ocho del día a la plaza, para asegurarse del cumplimiento del artículo 3º y luego que se hayan recibido formalmente de todos los elementos de guerra y armas que existen en la plaza, darán aviso de ello para la ocupación de la misma plaza.

6º. El general Morazán garantiza las vidas y propiedades de todos los individuos que existan en la plaza.

7°. Les dará pasaporte, si lo tuviere por conveniente, para que salgan a cualquier punto de la República o fuera de ella.

8°. El general Morazán y los comisionados a nombre del jefe que representan, ofrecen bajo su palabra de honor, cumplir esta capitulación en la parte que les toca.

En Guatemala a 12 de abril de 1829.

Francisco Morazán—Manuel Arzú—Manuel Francisco Pavón.

En virtud del documento anterior, el general Morazán al frente de su ejército ocupó la plaza de esta capital y arrancó el poder de las garras del partido ultramontano.

ARTÍCULO II

Varios de nuestros periódicos contienen artículos en que se me increpa por lo que he dicho acerca del general Morazán.

No tengo el honor de saber quiénes son sus autores, porque vienen bajo el velo del anónimo, tan frecuente entre nosotros.

En Inglaterra, y en otras naciones de la misma índole, un anónimo nada significa; pero en nuestra patria es muy usado y no pretendo combatir ahora esa costumbre.

Sin fijarme en ninguna alusión personal me concretaré únicamente a la parte histórica. Sabemos que el golpe que los serviles dieron a la Constitución de la República en 1826, produjo una guerra entre ellos y los Estados del Salvador y Honduras.

Un acto de ese drama político terminó en 1828 en el pueblo de Mexicanos, donde capitularon parte de las fuerzas invasoras.

En virtud de esa capitulación quedaron prisioneros en San Salvador los coroneles Montúfar (don Manuel), Perdomo, el teniente coronel Montúfar (don Juan), los subalternos José Antonio Palomo Montúfar, José Batres Montúfar y seis oficiales más. Don Miguel García Granados, en unión de sus hermanos Manuel y Joaquín, formó parte de ese ejército que, organizado por Aycinena, combatió a Prado, jefe del Estado del Salvador.

Los señores García Granados, a las órdenes del teniente coronel Antonio Aycinena, lucharon contra el general Morazán; y en la acción de San Antonio, la espada del héroe de la Trinidad adquirió un nuevo triunfo.

Aycinena tuvo allí necesidad de capitular. Su tropa, disuelta a consecuencia de esa capitulación, regresó a Guatemala en diferentes partidas y en la aldea del Jute fueron reducidos a prisión los señores García Granados, a quienes se les condujo a San Salvador, donde permanecieron presos muchos meses en compañía de los habían capitulado en Mexicanos.

El 13 de abril de 1829, después de ocupada la plaza de Guatemala, Morazán redujo a prisión al general Manuel José Arce, a don Mariano Beltranena, a don Mariano Aycinena y a los señores Piélago y Sosa.

En el número 3259 del "Diario de Centroamérica" se me ataca por lo que digo en el periódico titulado "Las Noticias", correspondiente al 6 de octubre, respecto de la capitulación.

Lo que afirmo en este periódico se encuentra en el tomo 1° de la Reseña Histórica. En el prólogo de este tomo expongo el método que me propuse seguir al escribirlo. Allí se hallan consignadas estas palabras:

"Me propongo hacer que la juventud conozca al general Morazán, pintado por los serviles como un heliogábalo, no sólo refiriendo sus hechos, sino presentando integras sus palabras y textualmente sus vindicaciones.

El general Morazán describe las acciones de la Trinidad, de Gualcho, de San Antonio, de San Miguelito y de las Charcas. No puede haber mejor historiador de una batalla que el jefe victorioso. Sería una falta preferir mi propia narración a la narración de quien no sólo fue testigo ocular, sino que lo hizo todo en el campo de batalla.

La inteligencia de Raoul, y su elevada posición en el ejército aliado que sitió a Guatemala el año de 1829, le dan una grande importancia en aquella campaña. Morazán comisionó a Raoul para dar a los gobiernos aliados noticia circunstanciada de los sucesos militares acaecidos en los días 7, 8, 9, 10, 11 y 12 de abril de 1829.

La narración de Raoul está documentada y la presento íntegra, con todos sus documentos anexos, en el capítulo octavo del libro primero.

Los acontecimientos de los días 11 y 12 de abril, tienen una importancia inmensa; son una gran crisis en que se desploma todo un sistema, para elevarse otro sistema.

En esos días ya no se ven las miserables fortificaciones de la plaza de Guatemala que caen, sino la libertad republicana que se eleva.

Los grandes acontecimientos de esos días memorables no pueden descansar sólo en un parte militar. Se hace otra narración amplificada. Esta no se desvía de la verdad; está basada en los mismos partes militares y en notas de Aycinena, quien horrorizado por los estragos de la metralla, único argumento capaz de convencerlo, suplica y vuelve a suplicar al general Morazán que suspenda las hostilidades contra la plaza.

Los serviles han escondido esa correspondencia. Ellos juzgándola aniquilada escribieron atroces falsedades sobre la rendición de la plaza. Alguna de estas falsedades realza en la biografía de don Manuel Francisco Pavón, escrita por don José Milla y Vidaurre.

Desde el 13 de abril de 1829, día en que el general Morazán ocupó la plaza de Guatemala, hasta el 13 de abril de 1839, día en que la ocupó el general Carrera al frente de hordas salvajes, la historia es una lucha incesante y sin tregua con la aristocracia, con el clero, con todo el partido servil empeñado en que las instituciones liberales no se afianzaran y en restablecer el monaquismo y la teocracia, valiéndose de las supercherías más absurdas.

No con el fin insano de turbar la paz de los muertos, ni herir en lo más vivo a familias que todavía existen, sino para que la juventud vea y tenga en sus propias manos las armas con que el arzobispo, los pretendidos nobles y el clero han combatido la independencia, la república y las instituciones liberales, se relatan y documentan en el capítulo IV los sucesos del convento de Santa Teresa, y las más severas resoluciones dictadas contra ellos por el Papa Pío VII.

El autor del anónimo me increpa, porque una parte de mis asertos se apoya en la declaración de Raoul que conceptúa inadmisible porque este jefe estaba al servicio de Morazán.

Para que la verdad se exhiba es preciso hacer algunas aclaraciones.

Por el artículo 5º de la capitulación, estaba estipulado que cuatro comisionados del ejército sitiador pasaran a la plaza a las ocho de la mañana del día siguiente, con el fin de averiguar si se había cumplido el artículo 3º; y luego que se hubieran recibido formalmente todos los elementos de guerra y armas que existían en la plaza, dieran aviso para la ocupación de la misma plaza.

Este artículo fue el primero de la capitulación que no se cumplió por culpa de los sitiados.

En la Reseña Histórica, habiéndose tenido a la vista datos fidedignos, se dice lo siguiente: "Sabiendo algunos comerciantes españoles, acérrimos, enemigos de los liberales, que se había capitulado, dijeron que los salvadoreños robarían cuanto encontraran dentro de las fortificaciones y que era mejor repartir los efectos de sus tiendas a los soldados de Aycinena, y así comenzó a verificarse; lo cual produjo desórdenes, tumultos y bochinches que aprovechó Aycinena para mandar al sargento mayor Pedro González al cuartel general de Morazán, a suplicar a este jefe que ocupara la plaza aquella misma noche.

El general Morazán, previendo dificultades no quería acceder; pero el mayor González continuó instando y haciéndole creer que iban a cometerse grandes atentados si él rehusaba lo que se le pedía. Morazán, en virtud de estos ruegos, envió con una fuerza al coronel don Gregorio Villaseñor, no para que se hiciera cargo de la plaza inmediatamente, sino para que, colocándose a las órdenes de don Mariano Aycinena, sofocara la insurrección.

Villaseñor buscó a Aycinena en el palacio arzobispal, y este jefe no quiso ya dar ninguna orden ni intervenir. El mismo Villaseñor dio parte a Morazán, quien ordenó que Raoul fuera a ponerse a la cabeza de las fuerzas que habían entrado a la plaza.

Así quedó sin efecto el artículo 5º de la capitulación redactado por Morazán, para cerciorarse de la entrega del armamento. Raoul inmediatamente que se vio dentro de las fortificaciones puso en libertad a un gran número de presos guatemaltecos, que por ser liberales, se hallaban en las cárceles".

El autor de las Memorias de Jalapa afirma, que don Mariano Aycinena dirigió una nota al general Morazán, en que aseguraba que, debido a la exaltación de la tropa que defendía la plaza, no pudo ser contenida por sus jefes, y agrega que abandonó sus puestos y todo fue confusión y desorden. El autor citado continúa así:

"Con este motivo Aycinena excitó a Morazán para que ocupase la plaza la misma noche del 12, aunque por la capitulación no debía ocuparla sino en la mañana del 13. En efecto la ocupación se verificó por este motivo la noche del 12".

He aquí demostrado hasta la evidencia que el artículo 5 no fue cumplido por culpa de los sitiados.

El coronel Domínguez, el capitán Ocaña comandando una escolta de soldados de su propio cuerpo y varias partidas más, aprovecharon esos desórdenes para abandonar la plaza.

El artículo 2º de la capitulación contiene estas palabras: "Mañana a las diez del día entrará el ejército sitiador a la plaza principal de esta ciudad", y el 3º dice: "Las tropas sitiadas se replegarán antes de este acto a sus cuarteles, y depositarán en la sala de armas todas las existentes en la plaza mayor".

Según este último artículo, el coronel Domínguez, el capitán Ocaña y los soldados que lo acompañaban no debieron haber salido de la plaza.

Las armas que llevaba la partida de Ocaña era preciso que fueran depositadas en los almacenes. La fuga de estos individuos armados es una infracción palpable del artículo 3º.

El general Morazán mandó que se siguiera militarmente una información para averiguar si los jefes vencidos habían cumplido o no sus compromisos.

A consecuencia de esa información, Morazán resolvió lo siguiente: "En la ciudad de Guatemala, a veinte de abril de mil ochocientos veinte y nueve. Vista la información sumaria, mandada instruir con el objeto de averiguar la conducta que observó el jefe de las fuerzas enemigas que se hallaban en la plaza mayor de esta capital, el día 12 del corriente, después que esta se rindió a los ejércitos aliados por la capitulación celebrada el mismo día: deduciéndose por el mérito de lo actuado, que varios jefes y oficiales influyeron activamente, a vista de su general, para que los soldados se retirasen con sus armas a los pueblos de los Altos: considerando que las deposiciones de los testigos intachables que declarado, son confirmadas con el hecho de no haberse entregado más que cuatrocientos treinta y un fusiles, de los mil quinientos que existían entonces en manos de los que se hallaban en la plaza, como lo acreditan los estados del día 8 de este mes, advirtiendo también que esto lo hace más indudable las actuales vejaciones que experimentan los que transitan los caminos de estas inmediaciones, en donde varias partidas de caballería e infantería, se hallan asesinando y robando: estando al mismo tiempo demostrada la ocultación de las armas por haberse entregado al jefe de Estado Mayor un número considerable de ellas después de reducidos a prisión los jefes que existían en esta plaza, sin haberse podido lograr antes, a pesar del bando publicado el 13 del corriente; y observando, por último, que fueron inútiles las diferentes reconvenciones que con este objeto se hicieron a varios sujetos que tenían interés en que se cumpliese la capitulación, he tenido a bien decretar y decreto:

1º— La capitulación celebrada con los comisionados del jefe Aycinena en concepto de comandante de armas de esta plaza, es en todas sus partes nula y de ningún valor y efecto.

2º —Que en consecuencia se haga publicar y circular esta declaratoria para los efectos convenientes.

Francisco Morazán".

El mismo día Raoul publicó un manifiesto explicando más ampliamente las razones en que se apoyaba Morazán. En la capital había exaltación. Muchas de las familias, vejadas por Aycinena, manifestaban odio contra sus antiguos opresores y deseos de venganza. Se exageraban los excesos cometidos por los soldados que con fusiles salieron de la plaza, y se creía que dejar sin castigo a los hombres más comprometidos del partido que acababa de sucumbir, era un ataque a la justicia y a la vindicta pública.

En esos días se hacían circular noticias de que serían pasados por las armas Arce y Aycinena.

La ruptura de la capitulación la vieron ellos como una amenaza contra sus vidas.

Aycinena, hallándose preso e ignorando la suerte que iba a correr, dirigió al general Morazán una nota disculpando su conducta y diciéndole que había cumplido sus compromisos. En este documento se apoyan los enemigos del general Morazán para combatirlo por la ruptura de la capitulación.

ARTÍCULO III

Con el encabezamiento "Continúa la réplica", aparece en el número 3.265 del "Diario de Centroamérica", otro anónimo. En él se hacen cargos por algunos asertos que se hallan en el folleto consagrado el 3 de octubre al general Morazán.

Refutaré esos cargos oportunamente. Ahora continúo tratando de la ruptura de la capitulación. Con lo que dicen Aycinena y el autor de las Memorias de Jalapa, he probado en el artículo II, número 294 de "Las Noticias", que el artículo 5º de la capitulación no fue cumplido por culpa de los sitiados.

También fue probado que el artículo 3º de la misma capitulación fue infringido por los defensores de la plaza. Hemos visto que Aycinena, en la nota que dirigió al general Morazán el 26 de abril de 1829, asegura que la tropa que defendía la plaza se exaltó al tener noticia de que se había capitulado.

Afirma que la exaltación fue tanta, que los jefes no pudieron contener a los soldados. Este acontecimiento lo considera como causa principal de las escenas que se verificaron en la tarde del 12 de abril, en el recinto de la plaza.

Pero no es así. Lo que ocurrió entonces no fue motivado por lo que el señor Aycinena asegura. Tuvo un origen muy diferente: éste fue la repartición de objetos que se hizo a su tropa el 12 de abril de 29, y que produjo desórdenes, tumultos y bochinches, que aprovecharon los jefes sitiados para impedir que se diese cumplimiento a la capitulación.

Es natural que Aycinena haya hecho esfuerzos para combatir toda censura, y para presentarse ante Centroamérica como víctima del jefe vencedor.

El autor de las Memorias de Jalapa, al hablar de la repartición que se hizo a las tropas de Aycinena, se expresa así: "Es cierto que al firmarse la capitulación y al licenciarse a los soldados que habían defendido su patria, se creyó justo por Aycinena y por otros jefes darles alguna gratificación en parte de pago de lo que se les debía, y en recompensa de sus pérdidas, servicios y patriotismo, pero nada se les dio perteneciente al servicio público, porque nada había: se recogió entre los particulares que existían en la plaza, por comisión dada a don Juan de Dios Castro y a don José Vicente García Granados, en dinero y efectos de almacenes como doce o trece mil pesos, de que sólo pudieron reunirse en numerario 1.800; todo se distribuyó entre la tropa que existía, la tarde del 12, en la plaza y en los hospitales dentro de ella".

El coronel don Manuel Montúfar hace esfuerzos por justificar a don Mariano Aycinena.

El párrafo transcrito de las Memorias de Jalapa tiene por fin refutar a Raoul; y no obstante se hace en él un cargo inmenso al jefe de los sitiados.

En ese párrafo se asegura que Aycinena al firmar la capitulación, licenció a sus soldados.

Desde el momento en que se firmó la capitulación, Aycinena nada era. Ningún mando tenía en la plaza: sólo podía exigir que se respetaran las vidas y propiedades.

Sin embargo, el coronel Montúfar asegura que licenció la fuerza sitiada. Esto fue una infracción notoria del artículo 3º de la capitulación que previene que todas las fuerzas de la plaza fueran acuarteladas antes de las diez del día 13 de abril de 1829.

Lo dicho basta para mi objeto.

No se necesita más.

Habiendo sido infringida la capitulación por los vencidos, tuvo pleno derecho el vencedor para declararla insubsistente.

ARTÍCULO IV

En el número 3.270 del "Diario de Centroamérica" aparece el comunicado anónimo con este título: "Algo más sobre la capitulación de Guatemala".

En él se pretende refutar lo expuesto por mí, en el artículo 29 que publicó el periódico "Las Noticias".

El anónimo reconoce la fuga de Domínguez, de Ocaña y de sus compañeros; pero quiere disculpar al señor Aycinena, asegurando que la fuga de aquellos militares se verificó cuando la plaza estaba ya a las órdenes del general Morazán, y cuando, por lo mismo, Morazán era el único responsable de cuanto acaeciera en ella.

He aquí las palabras del anónimo: "Domínguez, Ocaña y compañeros se fugaron en la noche del 12, es decir: cuando ya la plaza estaba ocupada por los sitiadores".

Tenemos la confesión de la fuga.

Se sabe que los desórdenes ocurridos, dentro de la plaza, sirvieron a los sitiados para suplicar al general Morazán que enviara a ella fuerzas antes del tiempo fijado en la capitulación.

Yo pregunto al autor del anónimo, ¿quién mandaba en la plaza cuando se verificaban esos desórdenes?

Mandaba Aycinena porque esta confusión y este desorden se verificaron en la tarde del 12 de abril.

Raoul y Villaseñor no entraron a la plaza sino hasta la noche del 12.

Debo agregar que su entrada, que se efectuó hasta entonces, no tuvo por fin ocuparla solamente en nombre del general vencedor, sino dar garantías a los habitantes que estaban dentro del recinto de las fortificaciones, sufriendo vejámenes.

El general Morazán ocupó la plaza el 13 de abril de 1829 a las diez de la mañana, conforme estaba prescrito en el artículo 2 de la capitulación. Hasta ese momento comienza su responsabilidad.

Es absurdo hacer cargos a Morazán por lo ocurrido en la plaza antes que estuviera bajo sus órdenes.

El anónimo dice: "Morazán estaba tan convencido de la buena fe de Aycinena y de la necesidad de aquella medida, que accedió desde luego a la solicitud y envió una fuerza al mando de don Gregorio Villaseñor y del coronel Raoul, no para ponerse a las órdenes de Aycinena, que eso sería ridículo y absurdo, sino para ocupar la plaza a nombre del vencedor y tomar el mando de ella.

Desde el momento en que Raoul y Villaseñor ocuparon la plaza, Aycinena resignó en ellos el mando de ella; y sólo ellos, Raoul y Villaseñor, fueron los encargados de vigilarla y gobernarla".

Se intenta comprobar estos asertos, citando la Reseña Histórica en la página 102 del tomo I. Veamos sus palabras:

"Sabiendo algunos comerciantes españoles, acérrimos enemigos de los liberales, que se había capitulado, dijeron que los salvadoreños robarían cuanto encontraran dentro de las fortificaciones, y que era mejor repartir los efectos de sus tiendas a los soldados de Aycinena, y así comenzó a verificarse; lo cual produjo desórdenes, tumultos y bochinches que aprovechó Aycinena para mandar al sargento mayor Pedro González al cuartel general de Morazán, a suplicar a este jefe que ocupara la plaza aquella misma noche.

El general Morazán, previendo dificultades no quería acceder; pero el mayor González continuó instando y haciéndole creer que iban a cometerse grandes atentados si él rehusaba lo que se le pedía. Morazán, en virtud de estos ruegos, envió con una fuerza al coronel don Gregorio Villaseñor, no para que se hiciera cargo de la plaza inmediatamente, sino para que, colocándose a las órdenes de don Mariano Aycinena sofocara la insurrección. Villaseñor buscó a Aycinena, en el palacio arzobispal, y este jefe no quiso ya dar ninguna orden ni intervenir. El mismo Villaseñor dio parte a Morazán, quien ordenó que Raoul fuera a ponerse a la cabeza de las fuerzas que habían entrado a la plaza. Así quedó sin efecto el artículo 5° de la capitulación redactado por Morazán, para cerciorarse de la entrega del armamento. Raoul inmediatamente que se vio dentro de las fortificaciones puso en libertad a un gran número de presos guatemaltecos, que por ser liberales, se hallaban en las cárceles".

Yo suplico ahora que se me diga en qué lugar del párrafo citado se encuentra una palabra sola que pueda contrariar el pensamiento que sostengo.

No se podrá afirmar lo contrario y la ausencia de comprobantes será una demostración de que el autor del anónimo me atribuye conceptos que no he consignado en la Reseña Histórica.

ARTÍCULO V

Casi todos los enemigos del vencedor de Gualcho lo increpan, citando en apoyo de sus asertos, las memorias del general García Granados. Me veo, pues, en la necesidad de averiguar si su testimonio es imparcial.

Si lo es, tiene mucha fuerza, mucho valor; porque García Granados era un hombre de talento y de notable instrucción, había viajado, conocía el mundo y especialmente la política de Centroamérica.

Pero si García Granados era enemigo del general Morazán, si había sufrido ofensas de él, si dichas ofensas fueron extensivas a personas muy queridas y si pertenecía al número de políticos que según Cromwell jamás olvidan ni perdonan, su testimonio viene abajo, y cuanto de él se diga respecto a Morazán debe considerarse como hojas en blanco que ningún valor tienen para la historia.

En las memorias del señor García Granados se hace un prolijo relato de las ofensas que él y su familia recibieron del general Morazán.

Este relato prueba que el autor no olvida; y las severas censuras, que en la misma obra se ven, contra el héroe de la Trinidad, de Gualcho, de Las Charcas y de otros campos más, acreditan que tampoco perdona.

Voy a presentar sucesos que darán luz en el asunto. Don Miguel García Granados era procedente del puerto de Santa María, provincia de Cádiz, península española.

Vino a Guatemala con su familia el año memorable de 1811.

Los sucesos de ese período se hallan en el corazón y en la mente de los centroamericanos. En las provincias del Salvador y Nicaragua comenzaron en aquel año los movimientos en favor de la independencia.

Los autores de aquellos movimientos fueron perseguidos por los esbirros del rey de España, y desde aquella fecha principió el martirologio del partido liberal en la América del Centro.

Oigamos ahora al señor García Granados. Dice en sus memorias: "Y tal vez esas revoluciones hubieran tomado cuerpo si no hubiera sido por el vigor, prudencia y tino del capitán general Bustamante, que por ese tiempo vino a Guatemala, y se hizo cargo del mando".

Todos nuestros historiadores, del credo liberal, hacen grandes elogios de los nicaragüenses y salvadoreños, que lanzándose contra el poder español se atrevieron a levantar en nuestro suelo el estandarte de la libertad.

En los discursos de independencia se ha enaltecido, y enaltece la memoria de las víctimas de aquellos patrióticos proyectos.

Pero el señor García Granados, en vez de simpatizar con las víctimas, simpatiza con los verdugos.

La conciencia pública ha presentado siempre en Centroamérica al capitán general Bustamante, llamado el Sonto, como un tirano, y el señor García Granados hace su apología y festeja el tino que tuvo para impedir la independencia.

Presentaré las palabras mismas de García Granados. He aquí: "Bustamante supo cortar el mal en un principio y en todo el tiempo que duró su administración conservó el Reino en paz y sometido a España".

No me admira que Bustamante, ejerciendo la tiranía, conservara el Reino sometido a España; lo que me admira es que haya en Centroamérica quien aplauda su conducta.

Dice García Granados, hablando de Bustamante: "Pero cuando faltó su administración vigorosa, pasando al débil Urrutia, se fueron preparando los ánimos para el movimiento que en primera oportunidad debía estallar".

Ese movimiento era la independencia que estalló el 15 de setiembre de 1821.

"Gainza, agrega García Granados, se vio obligado a romper las hostilidades contra San Salvador y al efecto organizó una división al mando del coronel de artillería don Manuel Arzú. En esa división marchó mi hermano Joaquín, quien era oficial del batallón de milicias provinciales de la capital".

Tenemos, pues, a don Joaquín García Granados, hermano de don Miguel, marchando contra los salvadoreños para sujetarlos al poder del emperador Iturbide.

García Granados continúa así: "Entró en la capital de Guatemala el general Filisola con la división mexicana, y habiendo recibido de Iturbide órdenes terminantes para reducir la provincia de San Salvador por la fuerza, organizó una expedición de 2.000 hombres, y en noviembre del mismo año marchó en persona, dejando con el mando en Guatemala a su segundo el coronel Codallos".

Sigamos escuchando a García Granados: "A muy poco de haber entrado a Guatemala, casi todos los principales jefes mexicanos entablaron amistad en mi casa. El coronel Codallos se prendó de una prima nuestra, guapa joven, que habíamos criado en nuestra casa y sin pérdida de tiempo contrajo enlace con ella".

Don Miguel García Granados continúa así: "Filisola pasaba en mi casa todas las horas que sus obligaciones se lo permitían. A mí me tomó especial cariño, lo mismo que Codallos; así es que era favorito de ambos".

Sigue García Granados: "Filisola se quedó un poco de tiempo en San Salvador, organizando la provincia y dejando allí al coronel Codallos volvió a Guatemala, principios de marzo, con alguna precipitación por haber sabido el pronunciamiento de Casamata contra Iturbide, acontecimiento que iba a mudar el aspecto político de la nación mexicana".

Sabemos, pues, por confesión de García Granados, que él era amigo íntimo de Filisola, el general mexicano que atacaba al Salvador y a toda la parte liberal de la América del Centro, para uncirnos al yugo de una testa coronada.

Sabemos también que su amistad se mantuvo firme en Guatemala y El Salvador y que un suceso extraordinario los separó. Ese suceso fue el pronunciamiento de Casamata, que, destruyendo el imperio de Iturbide, dio libertad a nuestro país.

Ahora yo pregunto si un personaje de tales antecedentes políticos, puede ser amigo del general Morazán. El año de 1826, los serviles se propusieron destruir la Constitución de la República, y formar de hecho otra que lisonjeara sus aspiraciones. Comenzaron el movimiento reduciendo a prisión al Jefe del Estado de Guatemala Juan Barrundia.

Este trastorno dio lugar a una guerra entre El Salvador y Guatemala, y los salvadoreños sucumbieron en Arrazola.

El partido servil, creyéndose de triunfo, marchó sobre El Salvador, y habiéndole faltado la fortuna, tuvo considerables pérdidas hasta sucumbir totalmente en la plaza de Guatemala bajo la espada del general Morazán el 13 de abril de 1829.

En esa dilatada campaña figura García Granados contra Morazán. Veamos uno de los episodios.

García Granados, a las órdenes del teniente coronel Antonio Aycinena, atacando a Morazán, fue vencido en San Antonio.

Aycinena capituló allí. Su tropa disuelta, a consecuencia de esta capitulación, regresó a Guatemala en diferentes partidas y en la aldea del Jute fue reducido a prisión don Miguel García Granados, a quien se condujo a San Salvador, donde permaneció preso por mucho tiempo.

García Granados, en el capítulo XIII de sus Memorias, refiere prolijamente su prisión y cuenta detalles de sufrimientos que él y sus hermanos experimentaron entonces.

Morazán y García Granados eran, pues, antípodas política. Esta discrepancia se mantuvo siempre y llegó hasta la tumba.

¿Podrá ser, en tal caso, testigo imparcial don Miguel García Granados cuando se trate de herir la memoria del general Morazán? Indudablemente no.

Entonces, ¿cuál es la fe que merece su testimonio?

ARTÍCULO VI

Entre todo lo que se ha escrito contra el general Morazán se encuentran estos conceptos: "Morazán pretendía quitar a Guatemala la preponderancia en Centroamérica, lo que jamás pudo lograr, gracias a la constancia y celo con que la defendieron los buenos patriotas guatemaltecos".

Los que así hablan olvidan los principios de las ciencias políticas.

Existen muchas formas de gobierno y cada una de ellas tiene reglas que le son propias y de las cuales no puede separarse. Los gobiernos despóticos, cuya organización es muy sencilla porque generalmente consiste en la voluntad de un hombre, están sometidos sin embargo, a determinados principios.

El Zar de Rusia no puede traspasarlos, y en momentos dados, tiene que someter su voluntad a ellos. El Sultán de Turquía no es totalmente absoluto, y obedece al Diván en ciertos casos.

Estas son las reglas generales de aquellos despotismos.

Las monarquías constitucionales están sometidas a grandes combinaciones políticas que marcan: la persona del rey, irresponsable; pero sin poder ejecutar acto alguno que no lleve la firma de un ministro responsable: el parlamento: el veto y una serie de leyes a que está sujeta la nación.

Las repúblicas obedecen a principios fijos, muy conocidos por nosotros, que no creo necesario recordar ahora. Los gobiernos federativos son muy complicados. No sólo los compone una sociedad: los forma una sociedad de sociedades y cada una de ellas tiene su propia organización.

Todas estas sociedades están regidas por una ley que se llama pacto federal, y de la cual no pueden separarse. Esta sociedad de sociedades, que se denomina federación, reúne todas las ventajas de las otras formas de gobierno.

El barón de Montesquieu hablando de las repúblicas, dice: "Si la república es pequeña la destruye una fuerza exterior y si es grande la destruye un vicio interior; pero de uno y otro mal están exentas las repúblicas federativas".

Él presenta las reglas a que deben someterse los Estados confederados para dar este asombroso resultado, y una de ellas es la igualdad política.

Esta igualdad indispensable no se puede obtener por la población, porque hay unos Estados más poblados que otros; ni por la extensión, porque hay unos Estados más extensos que otros; ni por la riqueza, porque hay unos más ricos que otros. Se obtiene por la hábil combinación del Senado de la Cámara de Diputados.

52

Los publicistas que han hecho más profundos estudios del sistema federativo, dirigen sus tendencias y sus aspiraciones a sostener la igualdad política; pero por desgracia muchos de los hombres que han tenido influencia en nuestro país, apartando la vista de esas sapientísimas doctrinas, se proponen marchar por diferente senda.

La Constitución de 1824 llamó a Centroamérica República Federativa, compuesta de cinco Estados.

Para mantener firme el sistema que la ley fundamental adoptaba era preciso establecer la igualdad política de ellos.

El general Morazán había estudiado el sistema federativo, era admirador de Montesquieu y quería que su gobierno marchara sobre la senda trazada por aquel inmortal publicista.

Sus tendencias a la igualdad política de los Estados eran su norma, y esta norma la consideran algunos de nuestros políticos como un crimen. La grandeza de una República federativa está en el engrandecimiento de todos los Estados que la componen. Absurdo sería pretender que uno de los Estados Unidos dominara a todo el país.

Absurdo sería solicitar que uno de los cantones suizos dominara toda la Suiza.

El gran crimen, pues, que se atribuye a Morazán, es la primera de sus virtudes cívicas.

ARTÍCULO VII

En el número 3.281 del "Diario de Centroamérica", se encuentra lo siguiente: "El Dr. Montúfar publica en Las Noticias el artículo VI sobre Morazán.

Reconoce como cierto el hecho que los antimorazanistas le enrostran a aquel caudillo: que pretendía quitar a Guatemala la preponderancia en Centroamérica.

Explica lo que entiende por sistema federal y dice que en él es indispensable la igualdad política de los Estados, que era precisamente lo que Morazán se proponía.

El gran crimen, pues, concluye el doctor Montúfar, que se atribuye a Morazán, es la primera de sus virtudes".

Se dice que explico lo que entiendo por sistema federal. Séame permitido manifestar que lo que entiendo por sistema federal, es lo mismo que entienden los publicistas, que hablando de él, lo explican detalladamente.

El sistema federal no acepta conatos de preponderancia de unos Estados sobre otros Estados, y exige la igualdad política de ellos.

Si un Estado quiere preponderar, que se aparte de la Federación, que se lance al mundo de las naciones y que en él pida esa preponderancia, que la sociedad de sociedades que se llama federación, no admite en su seno.

La Constitución federal de Centroamérica, entre sus grandes defectos, tenía el de no establecer la igualdad política. Presentaré aquí la prueba.

Con veintiún diputados había Congreso. Diecisiete mandaba el Estado de Guatemala: luego con sólo cuatro que concurrieron de los otros estados había Congreso, y Guatemala daba la ley.

Esta terrible desigualdad debía desaparecer ante el Senado, porque casa uno de los Estados, grandes o pequeños, ricos o pobres, elegía dos senadores. Pero el Senado en Centroamérica estaba anonadado, porque un artículo de la Constitución federada decía que cuando el Senado negara la sanción, el proyecto de ley volvería al Congreso, y, ratificado por éste, el presidente de la República debía ponerle el "cúmplase".

Resulta, pues, que el Congreso daba la ley, la ratificaba y era todo en Centroamérica, quedando en nada los otros Estados.

Este sistema, alabado por muchos guatemaltecos, dañaba profundamente a Guatemala, porque predisponía a todos los Estados contra ella.

El general Morazán quiso cortar ese germen de discordias estableciendo la igualdad política en la Federación, y no pudo obtenerlo.

Con razón, pues, he dicho que lo que se le imputa como un crimen es la primera de sus virtudes.

ARTÍCULO VIII

Algunos serviles dicen que la guerra que terminó en 1829, fue procedente de odios inspirados en El Salvador y Honduras por el general Morazán contra Guatemala.

Este juicio es falso. Dejándolo pasar sin respuesta, fundaría un error político muy trascendental.

Es preciso referir lo que ha pasado, para que la juventud, que no ha sido testigo de los sucesos, tenga conocimiento de la verdad.

Todos sabemos que en la primera Asamblea Nacional Constituyente hubo dos grandes partidos, que lucharon con tesón y perseverancia.

Uno tomó el nombre de servil y el otro se llamó liberal. Los serviles querían un gobierno unitario, bajo cuyo régimen, se hallara toda la América Central.

Los liberales aspiraban a la creación de un gobierno federativo.

Estos triunfaron al fin, y la Constitución de 1824 fue solemnemente decretada. Entre los males que han afligido a las repúblicas, que antes fueron colonias españolas, se halla la inconformidad de los vencidos con las supremas resoluciones nacionales.

En los Estados Unidos de América, dada una ley, se tiene como norma y el país sigue engrandeciéndose por la senda que ella le traza.

En las secciones hispanoamericanas la falta de conformidad de los vencidos produce trastornos políticos, y muchas veces establece la anarquía. Esto acaeció en Centroamérica al publicarse la Constitución política de 1824. Los liberales la sostenían y los serviles la atacaron como un mal, que era preciso destruir.

Al fin lograron triunfar en el ánimo del Presidente de la República, don Manuel José Arce, quien dio en Centroamérica un escándalo.

Él redujo a prisión al Jefe de Estado de Guatemala, Juan Barrundia. He aquí el origen de un fatal desconcierto. Rota la Constitución, faltó la legalidad.

Los serviles removieron con Barrundia a muchos funcionarios, cuyas plazas no podían quedar vacantes, y la sustitución que se hizo no era constitucional. Los otros Estados llamaron intrusas a las nuevas autoridades y, en pugna con ellas, combatieron hasta el 13 de abril de 1829.

Si la prisión de Barrundia hubiera sido legal, Arce quedaría salvo; pero si fue ilegal, él es responsable de todas las calamidades de la guerra, desde 1826 hasta 1829.

Oigamos a uno de nuestros más notables historiadores: Marure. Dice así: "Yo lo que puedo asegurar acerca de la prisión del Jefe del Estado de Guatemala es que el Presidente dejó pasar el término de la ley sin poner a disposición de la Asamblea a su prisionero; y que aunque después de algunos días, y cuando ya le habían puesto en libertad, bajo fianza, invitó a aquel cuerpo para que lo juzgase, nunca pasó la información justificativa del delito. Arce, agrega Marure, ha pretendido excusar esta omisión con el temor de que se perdiesen comprobantes de tanta importancia: tal temor hubiera desaparecido pasándolos en testimonio, que era fácil compulsar".

Tenemos aquí comprobado que Arce nada justificó que pudiera disculpar el escándalo de 1826.

Don Manuel Montúfar Coronado, autor de las Memorias de Jalapa, es una autoridad que no tacha el partido servil. Muy bien, pues, Montúfar condenaba la conducta de Arce en 1826. En las Memorias de Jalapa se encuentran estas palabras: "El desenlace de la prisión de Barrundia fue ridículo. El Presidente publicó pocos días después una exposición documentada de los motivos que lo impulsaron al arresto del Jefe del Estado: todas eran conjeturas, razones de congruencia y documentos diversos; débiles unos, ridículos otros, y todos capaces de persuadir en lo privado que existía una conspiración; pero no para convencer en juicio".

Hemos visto la opinión del autor del Bosquejo Histórico. Hemos visto la opinión del autor de las Memorias de Jalapa.

Vamos a ver ahora la opinión del general García Granados, quien siendo enemigo del general Morazán, como ya lo he demostrado, no podrá creerse que al escribir contra Arce lo movía el respeto a Morazán.

"No se puede desconocer, dice, que obró Arce extralegalmente, puesto que la Constitución no le daba esas facultades. Fue un verdadero golpe de Estado para el cual no tenía tamaños. Arce era atrevido para emprender; pero sus capacidades no estaban en relación con su atrevimiento".

Está demostrado que Arce conculcó la Ley fundamental de la República en el año de 1826. Por consiguiente fue atentatorio lo que se hizo en fuerza de esa infracción. La guerra vino por ella, como lo prueba, entre otros documentos, el manifiesto de Prado Presidente del Salvador.

Es indudable, pues, que sobre la cabeza de Arce y sus colaboradores mesan las desgracias de toda la campaña.

ARTÍCULO IX

Los serviles ultrajan en sus periódicos la memoria del general Morazán. Ellos no olvidan ni perdonan; y los triunfos del vencedor de Gualcho los tienen siempre presentes.

Si reflexionaran con calma comprenderían que ellos fueron la única causa de la guerra, que comenzando en 1826, terminó en 1828, y que por consiguiente, los males que esa guerra haya inferido deben imputarse exclusivamente a ellos mismos.

En el artículo anterior demostré que el grande escándalo dado por Arce contra la Constitución y contra las leyes en 1826, elevó autoridades intrusas, y que los Estados del Salvador y Honduras les hicieron la guerra, hasta derribarlas en la plaza de Guatemala el 13 de abril de 1829.

Esto me basta para llenar mi objeto; pero no quiero descansar aquí, y voy a decir más. Arce se propuso dominar a todo Centroamérica por medio de autoridades intrusas. Hostilizó en Honduras al jefe Dionisio Herrera, liberal sin tacha. Arce se ligó con el vicario de Honduras don Nicolás Irías, quien de acuerdo con Casaus, Arzobispo de Guatemala, excomulgó a Herrera.

El excomulgado, sin embargo de que aquellos eran otros tiempos, no cayó a consecuencia de la excomunión. Arce viendo impotente su arma sagrada, esgrimió otra de alguna fuerza. Invadió a Honduras por medio del coronel Justo Milla, quien incendió a Comayagua y derribó a Herrera.

El historiador Marure, dice: "El 4 de abril del año 27, Milla puso formal sitio a la capital de Honduras y en treinta y seis días que duró el asedio, aquella infeliz población fue saqueada, incendiada y devastada de todas maneras".

Teniéndose presente todo esto de represalias, continuaré la narración.

El objeto de Arce era dominar a todos los Estados y en El Salvador encontró un instrumento a medida de su deseo: fue don Juan Vicente Villacorta quien le dio auxilio. Tenemos la guerra en su plenitud. Villacorta, Jefe del Estado del Salvador, daba auxilios al revolucionario que existía en Guatemala, para sojuzgar a Centroamérica. Pero El Salvador, que acababa de combatir a la aristocracia, en su intentona monárquica, separó del gobierno al débil Villacorta y llamó al mando del Estado al vicejefe, Mariano Prado, quien hizo rigurosa resistencia al revolucionario de 1826.

Arce, al crear las autoridades intrusas, que sucumbieron en 1829, exhibió todas las tendencias del partido servil aristocrático e hizo ver al país lo que debía esperar bajo el régimen de la nobleza.

Para mayor claridad explicará esto un enemigo del general Morazán: García Granados, quien no puede creerse que hable por amor al que los venció en San Antonio.

García Granados, dice así: "Don Mariano Aycinena fue electo popularmente Jefe del Estado y don Mariano Córdova, vicejefe. Por supuesto, agrega García Granados, ya se sabe qué significación tiene entre nosotros, y con el sistema electoral que entonces existía, una elección popular. Los jefes del partido moderado, al hacer elegir a Aycinena, cometieron un gravísimo error. Si no querían desacreditarse ni ser tachados de reaccionarios intransigentes, debieron haber establecido un gobierno liberal-conservador, que era el papel que habían procurado representar, en su lucha con los liberales exaltados.

Pero al poner a la cabeza del gobierno del Estado a don Mariano Aycinena, renegaban de su pasado y se exhibían como reaccionarios clericales. Él era honrado y de carácter bondadoso, tal me pareció cuando posteriormente lo traté de cerca, pero ignorante y fanático hasta el grado de que había dejado muy atrás al mismo Torquemada;

y un hombre con esas condiciones es capaz de mandar a quemar a su propio padre, si en ello cree servir los intereses de lo que él llama religión. Dominado Aycinena por esas ideas exageradas de fanatismo, y por un hermano fraile dominico, no menos fanático que él, su gobierno se hizo bien pronto temido y odioso".

Estos antecedentes produjeron en El Salvador una grande excitación, y se creyó que había llegado la hora de obtener desagravios de la aristocracia, derribando las autoridades intrusas del año 26.

Aycinena dio un manifiesto a los pueblos, llamándolos a las armas. En él se hacen increpaciones a los liberales de todos los Estados, y se excita a los guatemaltecos contra El Salvador.

La publicación de ese manifiesto dio lugar a los más acerbos insultos contra los salvadoreños.

Se dijo que venían a combatir a Guatemala por envidia a su grandeza: que se proponían convertir en caballerizas los templos y violar a las vírgenes; y se agregaban otros muchos absurdos que profería el fanatismo apoyado en las profecías de una monja carmelita, hermana del jefe Estado.

Estos antecedentes hicieron estallar la guerra, y los salvadoreños fueron vencidos en Arrazola. Dispersos los invasores, nada tenían que temer los Nobles.

Ya no se podía decir a la tropa que los salvadoreños iban a convertir en caballerizas los templos, ni ultrajar a las vírgenes, ni a cometer otros muchos excesos. El territorio de Guatemala estaba libre de invasores, y debía establecerse la paz; pero los serviles querían la guerra. He aquí una nueva prueba de que la campaña que concluyó en 1829 fue promovida por ellos. Oigamos a García Granados.

Él dice: "Después del triunfo de Arrazola, el Presidente y el Estado de Guatemala debieron transigir, y pudieron hacerlo con ventajas, con honor y conservando una reputación que se perdió después. En Guatemala se creyó, y también lo creyó Arce, que se podía atacar y tomar a San Salvador con la misma fuerza que había triunfado en Arrazola".

García Granados se explica así: "El enemigo fue rechazado, el Estado de Guatemala fue evacuado, los guatemaltecos tomaron lentamente la ofensiva y la guerra comenzó en vez de terminar".

Con presencia de este cuadro yo pregunto: ¿quién es el responsable de esa guerra? En conclusión oigamos a García Granados. En la página 88 dice: "Aycinena opinaba por continuar la guerra pero sujetaba en todo su opinión a las resoluciones del Presidente Arce".

Aquellos magnates resolvieron continuar la guerra, y el primer golpe, de grande importancia, que experimentaron, fue sufrido por ellos en las fortificaciones de Milingo.

Arce se hallaba a la cabeza del ejército. Él ordenó que contra las trincheras cargara la caballería. El coronel Montúfar la mandaba y le representó que no era posible salvar un foso: "llénelo usted con hombres y caballos", fue la respuesta. Montúfar se dispuso a obedecer, pero no pudo triunfar. El error político de Arce está coronado con un desatino militar.

ARTÍCULO X

No cesan los serviles de increpar la memoria del vencedor de Gualcho. Su odio es implacable. El sepulcro que, en San Salvador, guardaba su cadáver, fue destrozado por ellos, quienes lanzaron al viento los últimos restos del héroe. Los salvadoreños recogieron cuidadosamente lo que pudo encontrarse de aquellas reliquias, para colocarlas en un nuevo mausoleo, donde ahora se hallan.

Si la saña del partido servil no se aplaca ni aun en presencia de la muerte, ¿por qué extrañamos que su odio se aumente, crezca y multiplique ante las ovaciones del centenario?

El motivo que los serviles tienen para odiar a Morazán, se explica muy fácilmente.

El reino de Guatemala, en tiempo del gobierno español, fue una capitanía general. En esta ciudad residía el capitán general, la Real Audiencia, el Arzobispo metropolitano y lo que se llamaba nobleza.

Tanto el capitán general como los individuos de la Real Audiencia, el arzobispo y los nobles, tenían sus círculos políticos.

Estos círculos no solo se componían de españoles peninsulares, sino de guatemaltecos pertenecientes a la nobleza.

El pueblo estaba reducido a la nulidad más absoluta y era un instrumento ciego y sumiso de la oligarquía.

Lo que se llamaba nobleza en Guatemala daba la ley en Centroamérica. La independencia debía nivelar a los nobles con los plebeyos, y esta nivelación, los aristócratas no pudieron soportarla.

Necesitaban un monarca que les mantuviera su hidalguía y su nobleza hereditaria, y buscaron una corona imperial en México.

Los salvadoreños combatieron esa corona, y este es el origen del odio de la nobleza guatemalteca contra El Salvador.

Vencidos los nobles, en Casamata, ellos se propusieron hacer un nuevo esfuerzo en Guatemala para crear un gobierno unitario, que, manejado por ellos, los indemnizara de la pérdida de la corona.

Los liberales establecieron un gobierno federativo, al cual el partido aristocrático hizo cruda guerra, hasta romper la constitución y las leyes federales el año de 1826.

He demostrado que aquella ruptura fue ilegal, y que en todo el movimiento no hubo ni sombra de constitucionalidad.

Morazán sacó la espada para restablecer la ley fundamental, y los primeros laureles coronaron sus sienes en el cerro de la Trinidad. Aquella victoria hirió a muerte los intereses de los nobles, quienes no pueden olvidarla. Con razón, pues, maldicen la memoria del héroe de la Trinidad.

He manifestado que pudo hacerse ventajosamente la paz entre El Salvador y Guatemala después del triunfo obtenido por los serviles en Arrazola, y que los jefes del partido servil se empeñaron en continuar la guerra.

Ellos no conocían a Centroamérica, y se imaginaron que con las fuerzas que habían triunfado en Arrazola, podían marchar a paso de vencedores sobre El Salvador y restablecer allí la corona imperial perdida en Casamata, pero los pueblos comenzaron a despertar, y en Milingo tuvieron los nobles una dolorosa lección. Ella fue atribuida al prestigio obtenido por Morazán en Gualcho, y el odio contra el vencedor no tuvo limites desde entonces.

Tienen razón. El general Morazán, después de referir la acción de Gualcho se expresa así: "Cediendo a un sentimiento de justicia he descendido a pormenores que no a todos podrán ser agradables. Mi deber ha sido honrar la memoria de los salvadoreños y nicaragüenses, que pelearon aquel día; es el de fijar los hechos que tuvieron lugar en aquella jornada, desfigurados después por la malicia y la ignorancia: es el de dar a conocer la importancia que merece este hecho de armas. Si él fue en sí bien pequeño, produjo, sin embargo, los mejores resultados, porque economizó la sangre que inútilmente se derramaba en las trincheras del Salvador, facilitando la rendición de Mexicanos, y abrevió el desenlace de la revolución de 1828, revolución que tan abundante fue en acciones de guerra, ganadas por nuestros soldados, a consecuencia del memorable triunfo de Gualcho".

Cualquiera creerá que después de la batalla de Milingo, los nobles escarmentados querían hacer la paz. Pues no fue así. Se les propuso de mil maneras y no aceptaron. Lo que hubieran aceptado era imposible otorgarles. Ellos querían que se les dijera: "Volvamos al imperio y os obedeceremos, a discreción". Esto era imposible decirles y continuó la guerra. No se crea que exagero. El gobierno del Salvador emitió un decreto con el importante fin de que se reunieran los representantes de la República, y evitaran las calamidades de la guerra. A él adhirieron los Estados de Honduras, Nicaragua y Costa Rica. Tenemos, pues, cuatro Estados pidiendo aquella convocatoria; pero no se verificó. ¿Y por qué? Porque a ella se opusieron Aycinena y las demás autoridades intrusas del año de 26.

Era lógico que las autoridades intrusas se opusieran a esa convocatoria, después de su triunfo en Arrazola, porque el delirio que aquella victoria les produjo, les hacía creer que la nación centroamericana se hallaba a sus pies, pero después del desastre de los serviles en Milingo, Prado, jefe del Estado del Salvador, les volvió a proponer la emisión de aquel decreto y lo rechazaron otra vez

Oigamos al mismo Prado quien en su manifiesto de 20 de febrero de 1828 dice:

"Un año más, hace que se reclama por este Estado la reposición de las autoridades representativas de estos pueblos. En 6 de diciembre de 26 se emitió el decreto de este gobierno a que se adhirieron los de

Honduras, Nicaragua y Costa Rica, con el importante fin de que se reúnan los representantes de la República y eviten la calamidad de la guerra.

La oposición del Ejecutivo federal apoyada por las autoridades intrusas de Guatemala, lo ha impedido. ¡Cuánta sangre, cuántos padecimientos y sacrificios de todos géneros se hubieran ahorrado sin esta oposición a la más justa demanda que puede hacer la soberanía del pueblo, por medio de cuatro de sus cinco Estados! Volvióse a reclamar lo mismo y aun con modificaciones favorables para Arce, después de la jornada de Arrazola y antes de la de Milingo. Ya había costado sangre la resistencia, y con todo, las nuevas proposiciones se recibieron con inaudita arrogancia: la aristocracia guatemalteca, ostentando su triunfo precario con muertes, destierros, proscripciones y persecuciones de todos géneros contra los liberales, indisponía los ánimos para que no hubiera coalición. Arce fue derrotado en Milingo, y en el acto del vencimiento se le repitieron las proposiciones de paz, y en contestación llamó sedicioso al gobierno salvadoreño. Después de la derrota de Milingo volvió el enemigo a invadir nuestro territorio, y en él se cometieron todo género de hostilidades. El Presidente llegó a inclinarse a que cesaran nuestros males y manifestó deseos de aceptar otras nuevas proposiciones. Esta buena intención lo desconceptuó con el partido aristocrático, y se preparó su caída".

Podrán los serviles decir que Prado exageraba. Presentemos, pues, a otro personaje. Este es don Mariano Aycinena, jefe intruso del Estado, quien desde Guatemala dirigió una carta a su primo hermano don Antonio que estaba en el teatro de la guerra. En ella le dice que para evitar los arreglos de paz emplearía medidas desconocidas hasta del mismo Maquiavelo. Me parece que no necesito mis para demostrar que los serviles querían la guerra y que son responsables de ella.

¿Y por qué la querían? Porque sin embargo del desastre de Milingo tenían esperanza de triunfar subyugando a Centroamérica.

Esa esperanza la conservó don Mariano Aycinena hasta el 11 de abril de 1829. En aquel día, aterrado por el silbido de la metralla, escribió a Morazán diciéndole: "Aún es tiempo ciudadano general de poner término a estos desastres".

ARTÍCULO XI

En el número 3.288 del "Diario de Centroamérica" aparece un artículo dirigido, como siempre, a herir la memoria del vencedor de Gualcho.

Todo lo bueno se atribuye, en él, a fray Matías Córdova, a fray Antonio Goicoechea, a los autores de la constitución española de 1812, al "Amigo de la Patria", redactado por Valle, a la Asamblea Constituyente de Centroamérica; y todo lo malo se imputa al general Morazán.

Examinemos este asunto con calma.

Nadie podrá negar que sin la libertad de la conciencia, el progreso humano es imposible.

Sin esa augusta libertad, reaparecerían los tiempos tenebrosos en que el concilio de Salamanca declaró hereje a Colón, porque contra su gran pensamiento se hallaban las doctrinas de San Agustín, de San Juan Crisóstomo, de San Gerónimo, de San Gregorio, de San Basilio y de San Ambrosio.

Sin la libertad de la conciencia reaparecerían los tiempos en que Copérnico, sabio prusiano, escribió una obra sobre las revoluciones de los cuerpos celestes, y, comprendiendo que los santos prelados condenarían su libro no se atrevió a publicarlo, e inédito se mantuvo por mucho tiempo.

Sin la libertad de la conciencia reaparecerían los tiempos tenebrosos en que Galileo fue condenado, por haber dicho que la tierra gira sobre su eje.

Sin esa libertad bendita volveríamos al 16 de febrero del año de 1600, día fatal, en que el sabio Gordiano Bruno fue quemado vivo en Roma, por haber escrito una obra sobre lo infinito del universo y de los mundos.

Ahora yo pregunto ¿A quién se debe en Centroamérica la libertad de la conciencia? ¿Se deberá a fray Matías Córdova, a fray Antonio Goicoechea? No. Muy sabios serían; pero no se hubieran atrevido a lanzar una opinión contra los santos padres, en presencia del Arzobispo de Guatemala. ¿Se deberá esa libertad a la Constitución Española de 1812? No. España ha sido fanática desde la conversión al catolicismo del monarca Recaredo. Ese fanatismo no pudieron combatirlo los liberales de las Cortes de Cádiz, y lo apoyaron.

La Constitución de 1812 contiene este articulo: "La religión católica, apostólica, romana, única verdadera, es y será siempre la religión de la Nación Española, con exclusión de cualquiera otra".

En las antiguas leyes, reaccionarias y tiránicas, no estaba prohibido que las futuras generaciones dieran culto a Dios según sus creencias, y la Constitución de 1812 vino a establecer esa reforma monstruosa.

Todo el que juzgue a Centroamérica, pensará que la independencia, deshaciendo estos errores, dio libertad a la conciencia en la América del Centro. Pues no fue así. El artículo X del acta de 15 de setiembre de 1821, redactada por el sabio Valle, afianzó una vez más la intolerancia y la teocracia. He aquí ese artículo: "Que la religión católica que hemos profesado en los siglos anteriores, y profesaremos en los siglos sucesivos, se conserve pura e inalterable, manteniendo vivo el espíritu de religiosidad, que ha distinguido siempre a Guatemala, respetando a los ministros eclesiásticos, seculares y regulares, y protegiéndolos en sus personas y propiedades".

Muy liberales fueron los autores de la Constitución Federal de 1824; pero aquellos sabios no dieron libertad a la conciencia. Uno de sus artículos dice que la religión de Centroamérica es la católica, apostólica, romana, con exclusión del ejercicio público de cualquiera otra.

La reforma religiosa no existió en nuestro suelo antes del triunfo definitivo del vencedor de Gualcho. Morazán, como ya he dicho, y repetiré ahora, no era un autócrata. Estaba sujeto a la Constitución y a las leyes; pero su genio y su empuje regenerador verificaban modificaciones salvadoras

El 2 de mayo de 1832, el Congreso Federal decretó que todos los habitantes de la República son libres para adorar a Dios según sus creencias, y que el gobierno nacional protegería el ejercicio de esta libertad.

Ese decreto fue muy bien acogido en todos los Estados centroamericanos, y se mandó a publicar como ley fundamental de la

República. En todos los países libres de la tierra, se le acogió con entusiasmo, y el nombre de Morazán se inscribió entre los benefactores de la humanidad.

ARTÍCULO XII

Todos los economistas del mundo presentan el diezmo, como una contribución destructora de la riqueza de las naciones. Sin embargo, ella pesó por muchos años sobre la América Central.

El diezmo, nocivo en todos los países de la tierra, lo es mucho más en aquellos que viven de la agricultura, como los nuestros. Esa contribución tenía raíces profundísimas. Estaba sostenida por el arzobispo de Guatemala, por los obispos sufragáneos, por los frailes dominicos, recoletos, agustinos y de todos colores.

No se podía hablar contra el diezmo, sin hacerse acreedor a las penas del infierno.

El clero predicaba que el quinto mandamiento de la iglesia ordena que se paguen diezmos y primicias a la iglesia de Dios, y que nos hallábamos en este dilema: o pagar diezmos, o descender a las profundidades del infierno.

No a todas las naciones católicas se les podía hacer esta amenaza. La iglesia galicana jamás ha creído que el diezmos sea un mandamiento. Bossuet enseña que no es pago de más que una disposición de aquellas que sólo obligan a las naciones que las han aceptado como leyes.

Pero nuestro clero, rechazando los principios de la iglesia galicana, tiene por norma las doctrinas ultramontanas de la Compañía de Jesús, a la cual pertenecía el padre Ripalda. Dejemos la cuestión eclesiástica, y pasemos a la política

Ahora yo pregunto ¿quién les dio el primer golpe?

¿Sería fray Matías Córdova? ¿Sería fray Antonio Liendo y Goicoechea? ¿Sería la Constitución de Cádiz, o la que en Centroamérica se dictó el año de 24?

No. El 15 de julio de 1832 se dio el primer golpe a esta contribución fatal, bajo los auspicios del general Morazán. El anónimo Z. Z. dice que todo lo bueno estaba preparado por fray

66

Matías Córdova y otros personajes que él cita, y que el general Morazán no hizo más que recoger los frutos.

Vamos a ver si esto es cierto.

Don Mariano Aycinena, Jefe del Estado de Guatemala, pidió a la Asamblea autorización para quemar los libros que no fueran del agrado del Arzobispo. La Asamblea le otorgó aquella facultad, y, en uso de ella, Aycinena mandó que fueran quemados los libros prohibidos por la autoridad eclesiástica.

Aycinena creyó que el Arzobispo no desplegaría bastante energía en el asunto, y en el mismo decreto le encarga que proceda contra los contumaces. Este decreto está refrendado por don Antonio José de Irisarri.

Casaus no sólo ejecutó la orden, sino que predicó sin descanso contra los que se atrevieran a leer libros prohibidos. Yo pregunto ahora: ¿dónde estaban los preparativos progresistas que Morazán no hizo más que cosechar?

García Granados, autor que tantas veces ha citado Z. Z., contra el vencedor de Gualcho, presenta en sus memorias a don Mariano Aycinena con los más sombríos colores, y dice que dejaba muy atrás al mismo Torquemada. (Página 80). Asegura que su elección fue debida a la violencia que ejercieron sobre los electores los hombres que entonces dominaban la política.

ARTÍCULO XIII

En el número 3.288 del "Diario de Centroamérica, se encuentra un artículo titulado: "Algo más sobre Morazán", y en él se hallan estas palabras: "Morazán no sólo no procuró educar al pueblo, sino que ni siquiera soñó en acometer esa empresa".

Vamos a ver, si esta vez, el implacable enemigo del vencedor de Gualcho es menos desgraciado que otras.

La Reseña Histórica, en la página 263 del tomo 2°, habla de un mensaje que el general Morazán dirigió al Congreso de 1836, y analizado, se ve que Morazán no emplea flores retóricas, ni bellas figuras poéticas: que su lenguaje es grave y sencillo: que no habla de sí mismo, sino por necesidad absoluta y siempre de paso: que en pocas palabras da a conocer la situación de Centroamérica. Refiriéndose a la enseñanza, manifiesta Morazán deseos, no precisamente de obtener hombres eminentes, sino de que todos los ciudadanos, sin excepción alguna, supieran leer, escribir, contar, moral y rudimentos de política. Yo pregunto, con vista de este mensaje, ¿si será cierto que el general Morazán ni siquiera soñó en educar al pueblo?

El mensaje de Morazán me trae a la memoria un importante recuerdo histórico.

Mr. Seward, secretario de Estado de los Estados Unidos, siendo Presidente de aquella República Abraham Lincoln, conversaba un día con algunos individuos del cuerpo diplomático, pertenecientes a la América española, y les dijo: "El Nuevo Mundo abriga dos grandes males que lo roen: la esclavitud en los Estados Unidos de América y el partido clerical en las Repúblicas que antes fueron colonias españolas".

Estas palabras produjeron profunda impresión en el ánimo del auditorio y, poco tiempo después de haber sido pronunciadas, se vieron escritas en todas las lenguas.

Pues bien. Si el mensaje de Morazán hubiera tenido cumplimiento en todos los Estados donde se habla nuestra lengua, la ignorancia popular habría desaparecido, y con ella la influencia clerical, que tanto lamentaba Mr. Seward.

Pregunta el anónimo ¿qué vino a hacer Morazán?

Yo respondo. Vino a dar por primera vez en Centroamérica la augusta libertad de la conciencia, sin la cual el progreso humano es imposible. Vino a declarar nulo el decreto de don Mariano Aycinena, jefe intruso del Estado de Guatemala, que mandaba a quemar todos los libros que no fuesen del agrado del arzobispo.

Vino a levantar el peso enorme del diezmo, que agobiaba a la agricultura.

Vino a decir al pueblo que no creyera en las profecías que contra sus intereses lanzaban las monjas desde el convento de Santa Teresa. Vino a convertir en ciudades y villas un gran monasterio a que estaba reducida parte de la Nación.

ARTÍCULO XIV

Los enemigos del general Morazán cada día se irritan más contra su memoria, y lo que se dice en favor del vencedor de Gualcho, en vez de conducir a que se le haga justicia, exalta a los adversarios.

Si mis artículos tuvieran por fin disminuir el rudo ataque que se dirige al héroe, serian inútiles; pero yo quieto presentar a la juventud lo que ha pasado, para que separándose de los errores que pululan, juzgue con imparcialidad.

En concepto del partido servil, lo imperdonable de Morazán fue la expulsión del arzobispo y los frailes. Las reflexiones sobre este asunto demandan calma y paciencia, porque la materia es dilatada.

Yo creo poder probar que el clero fue hostil a los intereses de Centroamérica en todos los períodos de su historia, desde antes de la independencia hasta 1829, y que por consiguiente, la expulsión del arzobispo y de los frailes, verificada entonces, nada tuvo de indebida. Vamos por partes y analicemos lo ocurrido antes del año de 1821.

Fray Ramón Casaus y Torres publicó un edicto el 8 de noviembre de 1811, en el cual pintaba como monstruos a los promotores de la independencia. En aquel documento los nombres de herejes y amigos de la independencia eran sinónimos

Aseguraba el clero que entre nosotros había emisarios de Napoleón I y que estaban sembrando máximas contra el culto católico, en combinación con los independientes; los cuales proyectaban convertir en caballerizas los templos, degollar a los sacerdotes, violar a las vírgenes, destinar a los usos más viles los vasos sagrados y entregarse desaforadamente al saqueo y a la matanza.

Estas calumnias, pues, no se inventaron contra Morazán. Son muy viejas. Las fraguó el clero desde el año 1811, contra la independencia de la América española.

"Con estas supercherías, dice Marure, fingiendo milagros, inventando castigos del cielo, fulminando anatemas se procuraba atraer sobre los amigos de la independencia la execración de los pueblos crédulos".

El terremoto que el 26 de marzo de 1812 arruinó a Caracas, La Guaira, Mérida y otras ciudades americanas, sirvió de pretexto al clero para predicar que Dios condenaba la independencia, y amenazaron con la cólera del cielo a las que no favorecían a España.

Si en los Estados Unidos de América los ministros de alguna iglesia hubieran exigido al pueblo obediencia ciega a los reyes de Inglaterra, habrían experimentado un castigo terrible.

El Papa León XII ascendió al pontificado cuando estaba en la más vigorosa la lucha entre España y la América Meridional y aquel Pontífice maldijo a los héroes de la independencia americana.

Esta maldición no recaía sobre un círculo aristocrático, ni sobre un círculo liberal. Recaía sobre los países, sobre las naciones enteras que luchaban contra la opresión y hacían esfuerzos para ser libres. El Papa León XII ordenó que se prestara fiel obediencia a su muy amado hijo Fernando, rey católico de las Españas, y ungido del Señor.

Cualquiera dirá que esa maldición era inútil; y que los autores de la independencia debieron hacer lo que hizo Napoleón I cuando Pio VII lanzó contra él los rayos de la Iglesia.

Pues no era inútil.

Las condiciones de la nación francesa, que ya entonces había visto la luz de 1789, no eran las condiciones de la América Latina, que se hallaba bajo el poder de las tinieblas, como lo prueban los decretos de Aycinena en Guatemala y de don Antonio José de Irisarri, que mandaban quemar los libros que no fueran del agrado del arzobispo.

Una resolución del Papa era decisiva en aquel tiempo.

Voy a demostrarlo. Nuestro clero no seguía las doctrinas de Bossuet, ilustre obispo de Meaux. Su guía era el ultramontanismo jesuítico. El catecismo de Ripalda, padre de la Compañía de Jesús, preguntando ¿quién es el Papa?, responde: "Es el romano pontífice a quien debemos entera obediencia".

Todo el clero, pues, predicaba que era preciso prestar al Papa León XII entera obediencia, quien ordenaba someternos ciegamente a su muy amado hijo Fernando, ungido del Señor.

La lucha que estableció el clero contra los autores de la independencia, fue formidable. El clero degeneró del todo el asunto. El hizo que desapareciera por completo la cuestión política y que fuera subrogada por la cuestión religiosa; de manera que la materia quedó reducida en la América del Sur a los términos siguientes: u obedecemos a Fernando VII, abriéndosenos las puertas del cielo, o nos separamos de él, lanzándosenos a las profundidades del infierno. Lo dicho da una ligera idea de lo que fue el clero antes de la independencia y oportunamente iré diciendo lo que ha sido en todos los demás períodos de nuestra historia.

ARTÍCULO XV

En el número 3.292 del "Diario de Centroamérica", dice Z. Z. que no es verdad que la América Central deba a Morazán la libertad de conciencia, y agrega: "Como ni Copérnico, ni Galileo, ni Colón, ni Giordano Bruno, tienen que hacer en el asunto que se discute, nada diremos acerca de ellos, aunque bien pudiéramos demostrar que el doctor. Montúfar yerra en Historia Universal tanto como en Historia de Centroamérica".

Z. Z. cree que bajo el velo del anónimo puede decir impunemente lo que le plazca; y no sabe que le acaece lo mismo que a un ciego que, colocado en cierta ventana con vista a la calle, se creía escondido.

Las víctimas citadas sí tienen que ver en el asunto, y mucho. Sus verdugos fueron tan tiranos como los nuestros, y es preciso recordarlos, para que el horror que inspiren, mantenga a la juventud a mucha distancia de sus huellas.

Torquemada es uno de los más grandes tiranos, y don Miguel García Granados en la página 80 de sus memorias dice que don Mariano Aycinena dejaba muy atrás al mismo Torquemada.

Asegura Z. Z. que el Congreso Federal decretó la libertad de cultos. Y yo pregunto ahora: ¿quién aspiró a este decreto? ¿Fue fray Matías Córdova o fray Antonio Goicoechea?

Si ese decreto no llegó a tener todo el efecto que Morazán quería, no fue por culpa del vencedor de Gualcho, sino porque los sempiternos enemigos que tenía su administración, como los tiene ahora su memoria, le hicieron ruda guerra.

Pero el decreto rompió las ligaduras de la conciencia, y nadie se atrevió, después de él, a perseguir a los librepensadores. Antes de ese decreto, lo único que pudo alcanzarse, fue la tolerancia. No debemos confundir la tolerancia con la libertad.

Los textos a que se refiere Z. Z., no hablan de libertad religiosa, sino simplemente de tolerancia.

Z. Z. dice: "¿Sabe el doctor Montúfar hasta cuándo la libertad de cultos se elevó en Guatemala a la categoría de ley? Pues fue en tiempo de Carrera".

Yo en cambio pregunto: ¿Sabe Z. Z. lo que es libertad de cultos? Pues no lo sabe, y voy a explicárselo. No hay libertad de cultos donde existe una religión oficial.

La libertad de cultos supone que todas las religiones son iguales ante la ley. En Inglaterra vemos templos de todos los credos religiosos, y sin embargo, allí no hay libertad de cultos; no hay más que tolerancia.

La religión anglicana es la dominante y ella no soporta que ningún católico sea regente del reino, ni juez en las cortes de Westminster, ni lord canciller, ni lord guarda sellos, ni lord delegado de Irlanda, ni tampoco ser miembro de las universidades o colegios anglicanos.

Los clérigos católicos no pueden ser miembros del Parlamento. Ninguna odiosa restricción presentan los Estados Unidos, país donde verdaderamente existe la libertad de cultos.

Con presencia de esto yo pregunto a Z. Z. ¿si en tempo del general Carrera, bajo el régimen de un concordato, que no habría aceptado Felipe II, existiría libertad de cultos?

No la hubo en Guatemala ni en tiempo del general Barrios. En la Asamblea Constituyente instalada en 1879, bajo el régimen de aquel Jefe, hubo diputados que pidieron que se pronunciara la palabra sacramental que consagra la libertad de cultos, a saber: "Queda abolida la Iglesia Oficial".

Esa declaratoria no pudo obtenerse porque, sin embargo del gran poder del general Barrios, ejercía en el Congreso influencia un clérigo que aspiraba a la mitra.

ARTÍCULO XVI

Marure dice, hablando del clero, y refiriéndose a sucesos anteriores a la independencia: "Fingiendo milagros; inventando castigos del cielo, fulminando anatemas y empleando otras supercherías se procuraba atraer sobre los amigos de la independencia la execración de los pueblos crédulos".

Proclamada la independencia, continuó la hostilidad del arzobispo, de los obispos, de los clérigos y de los frailes.

El sistema de profecías, que tan útil había sido al clero durante la dominación española para sus maquinaciones, le continuó sirviendo para que no se afianzara la república.

El arzobispo fray Ramón Casaus, fray Anselmo Ortiz, fray José María Gracida y otros frailes enseñaban al pueblo que los viernes descendía Jesucristo en cuerpo y alma al convento de Santa Teresa: que conversaba con una monja y le imprimía sus llagas.

Con estos antecedentes, el pueblo se agolpaba a las puertas de la iglesia, al torno y a la portería del convento para oír la voz de Dios.

La voz de Dios era lo que el arzobispo y frailes que lo acompañaban querían decir.

Bajo este sistema era imposible hacer amar la independencia, ni sostener sus principios. Don Mariano Aycinena, jefe del Estado de Guatemala, era hermano de la monja que más milagros hacía, y en ese concepto, toda resistencia era inútil contra aquellas autoridades.

El escándalo de las supercherías llegó al extremo de que el arzobispo fuera acusado en Roma por la Inquisición, lo cual produjo una condenatoria del Papa Pio VII; pero el arzobispo y los frailes no obedecieron al Papa y continuaron en su incesante tarea de milagros.

Con el apoyo de ellos, el partido oscurantista era irresistible.

Los desórdenes a mano armada se comenzaron a sentir muy pronto.

Las comunidades religiosas rehusaban jurar la Constitución y en una noche tenebrosa los frailes del colegio que se llamaba de *propaganda fide,* se proponían dar principio a lo que ellos denominaban misiones apostólicas.

El jefe político ordenó al prelado, que antes de comenzar su tarea, prestara como súbdito de la potestad civil, juramento a la Constitución. Los frailes insurreccionando al pueblo dijeron que ellos sólo obedecían la voz de su prelado el arzobispo de Guatemala.

La multitud gritaba aquella noche "¡Mueran los herejes: mueran los que no quieren misiones!", y también se daban voces contra don José Francisco Barrundia y otros patriotas.

No sólo en Guatemala procedía el clero tan hostilmente. En Nicaragua pasaba lo mismo, y en mayor escala. Hubo allí una reñida contienda entre el bando liberal y el servil y sucedía lo que a continuación dice Marure; he aquí sus palabras: "El obispo don Nicolás García Jerez tuvo una gran participación en los disturbios que agitaron a Nicaragua, y fue siempre uno de los enemigos más encarnizados de las instituciones libres. No contento con haber perseguido en 1812 a los granadinos independientes, en 1821 procuró retardar el pronunciamiento de independencia: después trabajó por el sometimiento al imperio, y cuando este coloso de arena cayó por tierra, quiso sustraerse de la desobediencia debida a las autoridades nacionales, se resistió a prestar el juramento de reconocimiento que se exigió de todos los funcionarios públicos e influyó en su clero para que siguiese su ejemplo subversivo".

Los artículos siguientes darán mayor luz en el asunto. Ellos nos enseñarán si la expulsión de 1829 fue debida o indebida.

ARTÍCULO XVII

Interrumpo hoy la serie de sucesos que justifican la expulsión del arzobispo y de los frailes, decretada en 1829, para dar lugar a una respuesta.

Z. Z. ha perdido la memoria. Se le refieren hechos, se le citan textos; y asegura que no se le responde y canta victoria porque sus argumentos no han sido contestados.

Dice lo siguiente: "Insiste Montúfar en que el partido aristocrático (conservador, querrá decir), rompió la Constitución y las leyes federales en 1826 y que a eso se debió la guerra; pero hasta ahora no ha demostrado cómo se violó la Constitución ni qué leyes se quebrantaron".

Comenzaré por el paréntesis. No debo decir conservador, nombre nuevo que a ese partido dieron Pavón y Milla, después de un prolongado período de dominación reaccionaria.

El nombre que le da la historia es el de servil. Se dice que no he demostrado cómo violó Arce la Constitución ni qué leyes se quebrantaron.

Ya lo he dicho; pero como Z. Z. tiene tan mala memoria voy a repetirlo.

Se violó la Constitución de la República, decretada en 1824 y se violó también la Constitución del Estado de Guatemala, decretada en 1825.

Y ¿cómo violaron esas leyes sagradas, bases augustas del sistema que nos regía entonces?

Se violaron por medio de una disposición gubernativa de Arce, dictada el 5 de setiembre de 1826 cuya parte dispositiva dice:

"Artículo 1°— Que el comandante de las armas de la federación, con la mayor reserva, acuartele esta noche toda la fuerza con su respectiva oficialidad.

2°— Que haga preparar municiones competentes para que obren los cuerpos de artillería, infantería y caballería.

3°— Que puesto todo en el mejor estado para hacer cumplir y ejecutar a viva fuerza las providencias del gobierno, en caso de oposición, proceda a las seis y media de la mañana, o a la hora que pueda, a arrestar al jefe del Estado, C. Juan Barrundia, reteniéndolo en la comandancia general hasta nueva orden.

4°— Que al mismo tiempo que se ejecute el arresto, o inmediatamente que sea ejecutado, recoja con la fuerza todas las armas que tenga el gobierno del Estado, con sus pertrechos y municiones; trasladándolas con la debida separación al parque y sala de armas.

5°— Que mientras ejecute estas órdenes, dé partes por medio de sus ayudantes de todo lo que ocurra.

6°— Que en el caso de resistencia, obre fuertemente hasta concluir el arresto y ocupación de las armas.

7º —Que cumplida esta disposición, se mantenga sobre las armas hasta nueva orden".

Marure dice enseguida: "Se procedió a la ejecución de esta providencia, con tanto sigilo, que ningún liberal pudo traslucirla sino hasta que ya estaba enteramente cumplida. Barrundia fue sorprendido en su propia casa el día 6, a la hora señalada; asimismo lo fueron las tropas cívicas del Estado, que estaban acuarteladas en el extinguido convento de San Agustín".

Yo pregunto, y todo el país preguntó entonces: ¿Quién ha emitido esa disposición? ¿Sería el Congreso federal? No. ¿Sería alguna de las Asambleas de los cinco Estados? Tampoco. ¿Sería alguno de los consejos representativos? Menos.

Entonces ¿quién fue? Fue Arce sólo.

¿Y tenía Arce facultad, solo y sin ningún consejo de gobierno para reducir a prisión al jefe del Estado de Guatemala? No.

Arce debe de haberse disculpado. ¿Qué disculpa dio?

Dijo que Barrundia conspiraba contra él y que el artículo 127 de la ley fundamental dice: que cuando el Presidente sea informado de alguna conspiración o traición a la República, y de que le amenaza un próximo riesgo, podrá dar órdenes de arresto e interrogar a los que se presuman reos.

¿Qué contestaron los liberales? Contestaron que el artículo citado por Arce no se refería a los altos funcionarios de la República, los cuales necesitaban para ser juzgados que precediera un antejuicio.

De manera que el procedimiento de Arce fue atentatorio en su origen.

Pues no sólo fue atentatorio en su origen: lo fue también en todos los demás actos de aquel procedimiento monstruoso.

Antes de continuar diré a Z. Z. que él no entiende el Bosquejo Histórico de Marure.

Marure refiere lo que dijo Arce en favor suyo; lo cual equivale a la defensa de un reo y Z. Z. toma esta por la opinión del mismo Marure y cometiendo un error craso presenta la opinión de como si fuera de Marure y canta victoria

Oigamos a Marure una vez más porque sus palabras están consignadas por mí en el artículo 8º. Dice así aquel respetable historiador: "Yo lo que puedo asegurar acerca de la prisión del jefe del Estado de Guatemala es que el Presidente (éste era don Manuel José Arce) dejó pasar el término de la ley sin poner a disposición de la Asamblea a su prisionero".

Aquí tenemos una nueva infracción de la ley. Z. Z. me pregunta ¿dónde están las leyes infringidas? Pero se me contestará con magistral aplomo, que poner o no poner a un procesado a disposición de sus jueces dentro del término señalado por la ley es asunto insignificante.

Pues es nada menos que hollar las garantías lo cual se considera en todos los países bien gobernados como un delito.

Pero cuando la víctima es un alto funcionario, que no puede ser tocado sin previo antejuicio, el delito se convierte en crimen. El crimen aumenta sus proporciones cuando vencidos los periodos del proceso no se puede justificar el cuerpo del delito.

Oigamos a Marure: "Arce ha pretendido excusar esta omisión con el temor de que se perdiesen comprobantes de tanta importancia: tal temor hubiera desaparecido, pasándoles en testimonio, que era fácil compulsar".

De lo expuesto se ve que aunque Z. Z. cita en su apoyo a Marure, aquel ilustre historiador es un puñal que hiere sin piedad al ex Presidente Arce y por consiguiente a su entusiasta defensor Z. Z.

Don Manuel Montúfar Coronado condenó severamente la conducta de Arce.

En las Memorias de Jalapa se dice lo siguiente, respecto a la prisión de Barrundia.

"El desenlace fue ridículo. El Presidente (se habla de Arce) publicó pocos días después una exposición documentada de los motivos que lo impulsaron al arresto del jefe del Estado: todas eran conjeturas, documentos diversos, débiles unos, ridículos otros y todos capaces de persuadir en lo privado, que existía una conspiración, pero no para convencer en juicio".

Arce pues, carecía de autoridad para reducir a prisión al jefe del Estado, y procediendo contra aquel funcionario cometió un crimen.

Para que se vea con más claridad el asunto, oigamos a don Miguel García Granados, quien no puede suponerse que amaba a Morazán, porque desde que aquel jefe lo venció en San Antonio y lo condujo preso a San Salvador, fue enemigo implacable del vencedor de Gualcho.

García Granados dice: "Oiga Z. Z., lo que dice; he aquí sus palabras: 'No se puede desconocer que obró Arce extralegalmente, puesto que la Constitución no le daba esas facultades. Fue un verdadero golpe de Estado para el cual no tenía tamaños.

Suplico a Z. Z. que se digne volver a leer estas palabras de García Granados. No se puede desconocer que obró Arce extralegalmente, puesto que la Constitución no le daba esas facultades. Fue un verdadero golpe de Estado, para el cual no tenía tamaños'".

Todo lo que dice Z. Z. en las columnas 3° y 4° sobre golpe de Estado, queda pues convertido en una simple charla.

Eso es pues lo que yo me propuse demostrar a la juventud en esta polémica.

García Granados agrega lo siguiente: "Arce era atrevido para emprender; pero sus capacidades no estaban en relación con su atrevimiento"

Sólo me falta responder a una pregunta. ¿Por qué el gobierno del Salvador apoyó a Arce y le prestó auxilio? La respuesta es muy sencilla.

Arce, dirigido por el partido servil, se propuso en aquellos días del golpe de Estado contra don Juan Barrundia, cambiar todos los jefes de los Estados. Al efecto envió a Honduras a Milla, quien incendió a Comayagua; fueron saqueadas algunas poblaciones y cayó Herrera.

Quiso Arce disponer del Estado del Salvador donde encontró un jefe a medida de sus deseos: el anciano y valetudinario Villacorta; quien se puso a las órdenes de Arce y ejecutó cuanto é le mandaba. Así se explica todo lo que Z. Z. quiere saber.

Pero los salvadoreños, acostumbrados a vencer a los nobles, arrojaron del poder a Villacorta y colocaron a Prado, quien no pudiendo sufrir a las autoridades intrusas del año 26, les hizo cruda guerra.

ARTÍCULO XVIII

Z. Z. dice que termina la discusión de este punto. histórico. Yo permanezco con la pluma en la mano esperando que otro servil me ataque, y hoy comienzo mis tareas con el asesinato del vicejefe del Estado de Guatemala. Marure expone lo que sigue: "Ya se ha dicho que las armas que se empleaban comúnmente contra el partido liberal eran las del fanatismo religioso; pero nunca se hizo un uso más funesto de ellas que el practicado después de la prisión del jefe Juan Barrundia".

Esto que Marure dice se comprende muy bien. Juan Barrundia era liberal y estaba haciendo frente a todo el servilismo. A la caída de aquel jefe se desbordaron los serviles.

Don José Francisco Barrundia en su manifiesto de setiembre de 1826 dijo: "Siempre iguales tramas y odiosas supercherías se han puesto en uso para difamar a los liberales, aunque nunca con igual furia y perversidad. Éramos herejes y anarquistas cuando promovíamos la independencia: éramos impíos, incendiarios y ladrones cuando procuramos la libertad republicana y la separación de México: éramos locos, desorganizadores atroces, cuando levantamos el sistema federal y la Constitución; somos ineptos, irreligiosos, conspiradores y sanguinarios ahora que la sostenemos y sentimos su ruina, tiempo ha meditada por el servilismo y la ambición".

Los ultrajes, pues, que hoy ese servilismo arroja contra la memoria del general Morazán y contra todos los hombres que no piensan como el partido recalcitrante, son muy antiguos y no debe admirarnos que se repitan sin cesar y especialmente ahora.

El arma servil han sido los frailes. Ya hemos visto la conducta de estos antes de la independencia y en los primeros años de la República. Continuemos presentándola hasta 1829 para ver si fue debida o indebida su expulsión.

Dado por Arce el escandaloso golpe de 1826, el gobierno del Estado de Guatemala tuvo necesidad de emigrar, y salió de la capital con los funcionarios que le fueron fieles. Ejercía el poder ejecutivo en calidad de vicejefe del Estado de Guatemala, don Cirilo Flores, y fijó su residencia en San Martin. Allí supo que Arce maquinaba contra él y se trasladó a Quezaltenango para tener garantías en medio de aquel pueblo; pero se equivocó. Las maquinaciones de los serviles, por medio de los frailes, continuaron, y el vicejefe en ejercicio del poder ejecutivo, fue asesinado en la ciudad de Quezaltenango.

Oigamos a don Alejandro Marure, autor del Bosquejo histórico y de las Efemérides, para que no se crea que exagero. Él dice lo siguiente: "Se hizo creer en Quezaltenango que los liberales eran irreligiosos, desmoralizados; y sobre todo, se procuró inspirar desconfianza a los propietarios".

Marure agrega: "Estas especies hicieron mucha impresión en Quezaltenango y en todos los pueblos de los Altos, en donde tenían influjo los regulares. Estos redoblaron sus esfuerzos luego que llegó a su noticia la traslación de las autoridades del Estado a aquella ciudad y no perdonaron medio alguno para excitar a la desobediencia y fomentar la insurrección".

Yo pregunto con vista de estas palabras ¿si sería, no sólo conveniente sino indispensable, sacar de Guatemala a los frailes en 1829?

Pero todavía Marure nos ha dicho muy poco. Continuemos oyendo su narración: "al efecto, dice, se circularon pastorales subversivas y se hicieron correr rumores alarmantes, dando a entender a las gentes crédulas que los liberales trataban de acabar con los conventos de religiosos, de remover a estos de sus curatos: que ya no se pagarían las funciones de la Iglesia; que se iba a prohibir la solemnidad exterior del culto; y aun se llegó hasta el ex- tremo de asegurar que había intentos de degollar a los sacerdotes".

Marure para apoyar estos asertos cita el informe de la municipalidad de Quezaltenango, inserto en el número 118 del Indicador, y los apuntes para la historia de la Revolución de Centroamérica, publicados en San Cristóbal de Chiapas en 1829.

Aquel historiador continúa así: "Estas voces, aún mis exageradas, se repetían de boca en boca entre el pueblo quezalteco, y sus ecos se hicieron llegar hasta los sencillos pueblos indígenas de los pueblos circunvecinos".

El historiador Marure añade lo siguiente: "Los religiosos franciscanos eran los principales autores de esta alarma".

Enseguida continúa así: "este era el estado de fermento en que Flores encontró al vecindario de Quezaltenango, y no pudo notarlo de pronto, o confió demasiado en los hombres que lo rodeaban".

Dejo aquí un momento la narración de Marure para hacer algunas pequeñas observaciones

No debe extrañar que Flores no haya notado de pronto la mina que se hallaba bajo de sus pies: el partido servil trabaja sin que el fin de sus esfuerzos se note y muchas veces no se comprende sino hasta el momento de la explosión.

Marure continúa así: "El 2 en la noche recibió Flores noticias de la capital, en que se le anunciaba los preparativos hostiles de Arce: en vista de ellas convocó a los diputados que ya habían llegado a Quezaltenango, al comandante Pierson, a la municipalidad, al jefe departamental y a algunos de los vecinos mis notables del lugar: reunidos todos, les leyó las últimas comunicaciones que había recibido.

En consecuencia, se dispuso que el comandante Pierson se situase en Patzún para contener cualquier agresión de parte del presidente Arce. A fin de no demorar su marcha, el mismo Pierson formó una lista de todos los vecinos que tenían caballos y dio orden a algunos de sus oficiales para que en la misma noche los sacasen por fuera de casa de sus dueños. Esta comisión, por desgracia, se desempeñó con imprudencia y escándalo, allanando varias casas, forzando a sablazos las puertas del convento, y entrando a mano armada a sacar las cabalgaduras de los religiosos. Estos pasos atropellados llevaron a su último grado el descontento.

Al siguiente día, fray José Antonio Carrascal, fray Juan Ballesteros y fray Manuel Carranza, impusieron de las ocurrencias de la noche precedente a las mujeres y a algunos otros vecinos que habían concurrido al templo a vacar a sus acostumbradas devociones.

Aquellos tres frailes les dijeron que ellos iban a abandonar la ciudad porque ya no les era dado tolerar el despotismo de los fiebres; e hicieron su despedida con muestras de tanto sentimiento que algunas mujeres lloraron llenándose todas de la mayor indignación.

La noticia de la emigración de los frailes se difunde por todos los barrios de la ciudad; y el populacho sobresaltado corre en tumultos al convento: allí los más fanáticos le señalaban las puertas fracturadas y les mostraban algunas estampas del crucificado y de la virgen, asegurando que los liberales las hablan regado por las calles para hacer irrisión de los misterios del cristianismo. Desde este momento todo fue vocería y execraciones contra los altos poderes, que habían introducido la herejía en Quezaltenango.

El alcalde don Pedro Ayerdi, acompañado del regidor don Tomás Cadenas, pasó a casa del vicejefe a darle parte de lo ocurrido, éste salió inmediatamente, en unión de Ayerdi y Cadenas, y se dirigió al convento, en donde los últimos se separaron de él, dejándole solo entre la multitud. Flores saludó al cura Carrascal con demostraciones de cariño, y dirigió afectuosamente la palabra a los circunstantes, asegurándoles que no se trataba de matar a los religiosos como con tanta falsedad se les había hecho creer: pero en vez de aplacarles, la dulzura y moderación de Flores les inspiraron más osadía: a gritos pedían su cabeza, y alrededor del vicejefe no se oían más que amenazas terribles y la voz espantosa de ¡Muera el tirano, muera el hereje, muera el ladrón!".

Viéndose en tanto peligro y rodeado de una turba furiosa, Flores creyó estar más seguro en el templo y se encaminó a él en compañía de los religiosos; pero al entrar a este asilo sagrado, algunas mujeres se arrojaron sobre él, le arrancaron bruscamente el bastón y el gorro que llevaba en la cabeza, con parte de los cabellos, enseguida le dieron repetidos golpes con el mismo bastón, mientras que otras le tiraban fuertemente de sus vestidos. En este momento se hubiera consumado el sacrificio, si el cura, con grande esfuerzo, no le hubiera desprendido de manos de estas furias, y subiéndole al púlpito, a donde también él le siguió.

Mientras esto pasaba en lo interior de la iglesia parroquial, desde lo alto de la torre el toque repetido de las campanas, llamando a fuego, llevó la alarma a los puntos más distantes de la ciudad y atrajo a la mayor parte del vecindario, que ya en pelotones, se dirigía por todas las calles hacia la plaza principal. Pierson habla salido a la madrugada de este triste día con la mejor tropa: así es que solamente habían quedado en Quezaltenango un piquete de infantes y algunos caballos: con esta pequeña fuerza y algunos pocos cívicos que se le unieron voluntariamente, el comandante de la plaza C. Antonio Corzo, se situó frente al templo y mandó cubrir sus avenidas. La presencia de la tropa no fue bastante para contener el desorden, así como tampoco los ruegos y persuasiones del jefe político C. José Suasnabar, que se habla introducido al mismo templo para aplacar a la multitud.

Viendo Corzo que por instantes se hacía mayor el concurso, mandó a dos de sus oficiales que despejasen el atrio y obligasen a retirarse a la gente que lo ocupaba; pero en aquel infausto día todo fue confusión y aturdimiento; y la tropa que sólo debió mantener una actividad defensiva, sin irritar más al pueblo con nuevos atropellamientos, penetró en la iglesia con bayoneta calada e hizo más grande el desorden.

Este incidente hizo conocer a Flores cuanto empeoraba su situación la presencia de los soldados, y dio orden al comandante para que se retirase con toda la fuerza, mas éste, ya porque creyese dictada por el temor semejante orden, o porque sospechase que era un ardid de los revoltosos para que les dejasen al vicejefe indefenso entre sus manos, no sólo se obstinó en permanecer en la plaza, sino que también se puso a recorrerla a caballo, con sable en mano, haciendo replegarse a las bocacalles al inmenso gentío que la llenaba.

En esta operación, Corzo dio algunos golpes y estropeó a varias personas; lo que visto por el populacho, se arrojó sobre él dirigiéndole una gran descarga de piedras: apenas pudo Corzo salvarse de tan peligroso ataque corriendo a toda brida a incorporarse a su tropa. Un momento después mandó hacer una descarga general de fusilería, previniendo que se hiciese al aire y sólo con el objeto de intimidar; pero no bien se había ejecutado esta orden, cuando el pueblo se precipitó sobre los soldados, los despojó de sus armas descargadas, hirió a algunos y a todos los puso en desordenada fuga. Este lance decidió de la suerte del desventurado vicejefe.

La turba frenética arrolló cuanto encontró al paso, penetró en el templo e hizo resonar su recinto sagrado con el repetido clamor de *mueran los herejes, muera don Cirilo Flores.* Todos se empujaban por llegar hasta el púlpito, unos procuraban desquiciarle; otros hacían esfuerzos para escalarlo, mientras que algunos, con cuchillos atados al extremo de una vara, procuraban herir al infeliz refugiado.

En estos crueles momentos se distinguió por su barbarie un jovencito llamado Mónico Villatoro, quien, fijando un pie sobre las moldaduras del púlpito y teniendo el otro levantado en el aire, se encorvaba sobre el vicejefe, le arrancaba con violencia los cabellos y procuraba lastimarle de todas maneras.

Tal era la horrorosa situación de Flores, cuando el padre Alcayaga descubrió al santísimo y en unión del cura Carrascal, que estaba en el púlpito con una hostia en las manos, pedía al pueblo que le perdonase, ofreciendo que al momento saldría de la ciudad. Flores reproducía con juramento iguales promesas; pero al mismo tiempo los frailes Carranza y Ballesteros inspiraban dudas a la multitud sobre el cumplimiento de las ofertas del vicejefe. Todos los esfuerzos, pues, fueron inútiles, las plegarias y los ruegos se confundieron entre les clamores de los sediciosos, cuyo furor y ceguedad llegó a tal punto, que al mismo tiempo que se prosternaban ante el Divinísimo exclamando: ´Te adoramos, señor, te veneramos", añadían con un aire feroz: "Pero por tu misma honra y gloria es preciso que muera este blasfemo, este hereje´.

Entonces los frailes le hicieron descender del pálpito, atravesaron con él la iglesia y parte del claustro, y le conducían con gran fatiga a la celda del cura; pero antes de llegar, Longino López (Ovejo) lo arrancó de los brazos de los religiosos, le dio el primer golpe con un palo, y lo entrego a la horda fanática y rabiosa, compuesta en su mayor parte de mujeres. Como furias desencadenadas se echaron sobre el desventurado vicejefe, y con piedras, palos y puñales, le dieron tantos y tan repetidos golpes, que dejaron su persona enteramente desfigurada y convertido en un objeto de horror y lástima.

De este modo terminó sus días, a la edad de 47 años, el primer vicejefe del Estado de Guatemala, C. Cirilo Flores: patriota distinguido por sus acreditados conocimientos en la ciencia médica, por su laboriosidad infatigable, por su carácter dulce y humano, y especialmente por su amor a la independencia y a la causa de la libertad. Estas prendas le crearon enemigos y envidiosos que, al fin, lograron hacerle perecer en medio de un pueblo que lo había adorado, en cuyo seno había fijado su domicilio, y que por espacio de muchos años había sentido la influencia de sus virtudes benéficas".

Con presencia de este cuadro espantoso, yo pregunto al partido servil, si sería justo o injusto el destierro de fray José Antonio Carrascal, fray Juan Ballesteros, fray Manuel Carranza y otros frailes, decretada en 1829.

ARTÍCULO XIX

Los serviles lanzan injurias al general Morazán, porque desterró al arzobispo y a los frailes en 1829. Entonces el orden público estaba alterado. Se proyectaba una gran conspiración servil a cuyo frente se hallaban el arzobispo y los frailes.

El general Morazán no procedió por sí solo como lo hizo Arce, cuando dio el escandaloso golpe contra el jefe del Estado de Guatemala, Juan Barrundia.

La Asamblea del Estado de Guatemala dijo: "Considerando que es de absoluta necesidad dictar las más prontas y enérgicas providencias para conservar el orden y proceder contra sus perturbadores; ha tenido a bien decretar y decreta:

1° —Se faculta extraordinariamente al gobierno por el término necesario al restablecimiento del orden, para ocurrir a todos los casos en que tenga que obrar para asegurarlo.

2° —Esta facultad podrá delegarla por el tiempo que estime conveniente a persona de su confianza.

Dado en Guatemala a 9 de julio de 1829.

La persona en quien el gobierno delegó esta facultad fue el general Morazán, y a la media noche del 10 al 11 de julio fueron desterrados el arzobispo y los frailes de Santo Domingo, San Francisco y la Recolección y conducidos por la garita del Golfo, y de allí tomaron rumbo hacia la isla de Cuba.

Inmediatamente que salieron el arzobispo y los frailes, el senador, Presidente de la República José Francisco Barrundia, dirigió un mensaje al Congreso Federal. En él le manifestaba que por la necesidad del secreto no se había comunicado el proyecto de expulsión al Poder Legislativo: que el gobierno estaba dispuesto a respetar la voluntad de la representación nacional, y que el arzobispo y los frailes que se hallaban todos en el territorio del Estado, volverían si aquel alto cuerpo así lo acordaba.

El Congreso Federal no sólo no acordó el regreso del arzobispo y de los frailes, sino que aprobó lo practicado por el gobierno y dio las gracias al Poder Ejecutivo por su celo y actividad. La expulsión del arzobispo y de los frailes es por tanto disposición del Congreso Federal y no orden de Barrundia ni de Morazán.

Los frailes en Guatemala, lo mismo que en España, eran la rémora del progreso y los sostenedores del fanatismo; pero en Guatemala no fueron acuchillados, ni sus conventos incendiados como en Poblet, Barcelona, Reus, Zaragoza, Valencia, Murcia, Mataró y otros pueblos de la península.

El congreso se limitó a expulsarlos. Si los frailes no se dirigieron a La Habana con todas las comodidades y regalos que acostumbraban cuando iban a misiones, debe atribuirse a las circunstancias. No era posible preparar todas las comodidades que hubieran deseado doscientos ochenta y nueve monjes acostumbrados a una vida muelle y regalada.

"Los conventos —dice don Manuel Montúfar —, debían acabar por una reforma que se esperaba naturalmente, porque el monaquismo no pertenece a este siglo, y han variado mucho las circunstancias para que lo abracen los americanos por una carrera de las pocas que les eran abiertas bajo el sistema colonial".

ARTÍCULO XX

Antes de comenzar el asunto de hoy, referente a la legalidad de la expulsión del arzobispo y de los frailes, voy a contestar un cargo que Z. Z. me dirige en su artículo final.

Dice que tributé elogios a García Granados en sus funerales y que lo he increpado en esta polémica. Es verdad. Tiene razón Z. Z; pero no hay inconsecuencia.

Elogié a García Granados en sus funerales, por sus esfuerzos, en unión del general Barrios, contra los serviles hasta triunfar en San

86

Lucas y venir coronado de laureles a Guatemala, lo que fue una victoria para el partido liberal.

He increpado a García Granados en esta polémica, porque combatió, con las armas en la mano, a Morazán hasta obligar al héroe a vencerlo en San Antonio y a conducirlo preso a San Salvador, lo que fue igualmente, una victoria para el partido liberal. ¿Dónde está pues, la inconsecuencia? Trataré ahora del asunto *frailes*.

Ya hemos visto su expulsión verificada a la media noche del 10 al 11 de julio de 1829.

Cualquiera dirá, "el mal se cortó entonces: el arzobispo estará fuera del país y no podrá ya hacer daño al Estado de Guatemala, ni menos a la República de Centroamérica".

Sin embargo, el arzobispo continuó haciendo daño y centuplicando sus maquinaciones contra el Estado y contra la República entera

Cierto presbítero guatemalteco era uno de sus más activos colaboradores.

El ciudadano Calixto García Goyena lo averiguó.

Él no quiso que el crimen se mantuviera en silencio, y presentó una acusación ante la Asamblea del Estado.

El expediente pasó a los tribunales, y ante ellos se puso en claro que aquel presbítero conspiraba en unión de muchos serviles, y que eran sus colaboradores los curas de San Agustín Acasaguastlán y de Zacapa; y que esos clérigos insistían en los milagros de la madre Teresa: que ya había otra monja que también suspendía las leyes de la naturaleza en beneficio de la causa de los justos.

En aquel expediente se comprobó que muchos serviles enviaban cartas al arzobispo y recibían instrucciones de él para toda la maniobra política.

A fin de confundir más a los revolucionarios, el Poder Ejecutivo remitió a los tribunales ejemplares de la carta de Pio VII, que declara ilusa a la madre Teresa y reprende al arzobispo.

Esa carta era parte del proceso.

Se averiguó que al arzobispo había solicitado del Rey de España que fuese aprobada en la corte de Madrid la conducta en Guatemala e igualmente, que pasó el asunto en consulta al consejo de Indias, el cual, accedió a su solicitud y le asignó tres mil pesos de renta.

Igualmente se sabe que el Rey de España invitó al arzobispo a que permaneciera en La Habana.

Así se explica la conducta de fray Ramón Casas en aquellos días en que, por haber triunfado los serviles en Guatemala, se le enviaron comisiones para que regresara, y no quiso regresar.

La acusación produjo el efecto que el acusador deseaba.

Con vista de ella, la Asamblea del Estado de Guatemala confirma el decreto de expulsión.

No sólo lo confirmó sino que declaró traidor a la patria al arzobispo fray Ramón Casaus.

No solo lo declaró traidor a la patria, sino que decidió que había perdido los derechos de ciudadano.

Este decreto no fue dictado por el senador Presidente de la República José Francisco Barrundia, ni por el general Morazán. Fue dictado por la Asamblea.

Fue sancionado por el Consejo Representativo. Fue mandado a ejecutar por el jefe del Estado de Guatemala

Para que no se crea que falto a la verdad inserto a continuación el decreto mismo. Helo aquí:

"Por cuanto: la Asamblea Legislativa tuvo a bien decretar, y el Consejo Representativo ha sancionado lo que sigue. La Asamblea Legislativa del Estado de Guatemala, considerando: que el arzobispo fray Ramón Caseus, relegado a la isla de Cuba, como uno de los principales autores de la última revolución, ha tenido en su destierro un comportamiento inesperado y reprensible, que no da esperanzas de mejora: que ha rendido cuenta al Rey de España, como si fuese un súbdito suyo, de la conducta política que guardó en esta Nación después de haber jurado nuestra independencia: que ha solicitado del mismo Rey le promueva a un arzobispado de España: que Fernando VII le aprobó, con consulta uniforme de su consejo de las Indias, sus hechos y conducta política: que le asignó tres mil pesos de renta, ordenándole que permanezca en La Habana hasta tanto pueda restituirse a Guatemala; que fray Ramón, fiel observante de estos mandatos, intenta gobernarnos desde el punto de su relegación, dirigiendo desde allí escritos subversivos, para inquietar las conciencias y encender entre nosotros una guerra religiosa, que nos desuna y debilite: que toda la conducta anterior del arzobispo ha sido perversa, oponiéndose a la proclamación de la independencia, que después juró contento; oponiéndose a todo sistema liberal de gobierno, al cual después se sometía tomando una parte activa para subyugar este Estado a la dominación del emperador Iturbide, de quien solicitó y obtuvo algunas distinciones de honor, según todo consta de los documentos respectivos que se han tenido a la vista; ha tenido a bien decretar y decreta:

Artículo 1º —Se declara traidor a la patria al arzobispo de Guatemala, fray Ramón Casaus.

Artículo 2º —Se declara que el mismo arzobispo ha perdido los derechos de ciudadano, conforme a lo dispuesto en el párrafo 1º, artículo 20 de la Constitución Federal,

Artículo 3º —En consecuencia queda extrañado perpetuamente del territorio del Estado, y su silla vacante.

Artículo 4º —Mientras se provee canónicamente el arzobispado, sus rentas entrarán a la Tesorería. Los bienes particulares de fray Ramón, serán ocupados con arreglo a lo dispuesto en el decreto de 23 de noviembre último.

Artículo 5º —El Cabildo eclesiástico nombrará vicario y gobernador general del arzobispado, arreglándose a lo dispuesto en el derecho canónico; pero el que así fuere nombrado, no entrará a a ejercer su cargo sin aprobación previa del gobierno.

6º —Es prohibida de hoy en adelante toda comunicación con el expresado fray Ramón Casaus, a quien se considerará enemigo público.

7º —El gobierno cuidará de informar a Su Santidad sobre todo lo ocurrido, activando las disposiciones prevenidas en el decreto de 5 de diciembre del año próximo pasado.

8º —El mismo gobierno hará imprimir y publicar los documentos principales que demarcan la conducta hostil del arzobispo, a quien le intimará el presente decreto.

Comuníquese al Consejo Representativo para su sanción.

Dado en Guatemala, a trece de junio de mil ochocientos treinta.

José Bernardo Escobar, diputado presidente. —Félix Solano, diputado secretario. —Manuel Arellano, diputado secretario. —Sala del Consejo Representativo del Estado de Guatemala, en la corte, a veintiséis de junio de mil ochocientos treinta. —Al Jefe del Estado. —José Gregorio Márquez, presidente. —Francisco Javier Flores. —Ricardo Aguilar. —Dionisio María Dumas, secretario interino. —Por tanto: ejecútese. —Guatemala, junio veintinueve de mil ochocientos treinta. —Antonio Rivera Cabezas.

Con vista de lo expuesto, yo pregunto ahora; ¿si el general Francisco Morazán será el monstruo que los serviles presentan, o si la monstruosidad estará en otra parte?

En el número veintiuno irá inserta copia de la carta que el Papa Pio VII dirigió al arzobispo de Guatemala fray Ramón Casaus.

ARTÍCULO XXI

Hemos visto que la expulsión del arzobispo y de los frailes, verificada en la noche del 10 al 11 de julio de 1828, fue precedida por un decreto de la Asamblea del Estado de Guatemala, que autorizó el Poder Ejecutivo.

Hemos visto también que el senador Presidente de la República, José Francisco Barrundia, antes de que el arzobispo y los frailes estuvieran fuera del territorio del Estado, dirigió un mensaje al Congreso Federal, primera autoridad de Centroamérica, y en él dijo que no había dado cuenta del proyecto al Cuerpo Legislativo, porque el asunto exigía reserva; pero que el Congreso podía hacerlos volver y su resolución sería estrictamente cumplida por el gobierno.

Se ha dicho que el Congreso, no sólo no mandó que regresaran el arzobispo y los frailes, sino que felicitó al Poder Ejecutivo por su actividad y celo. Yo pregunto ahora a los serviles, ¿dónde está el crimen del Presidente Barrundia y del general Morazán?

El 11 de julio sólo fueron expulsados los frailes más hostiles; los que combatían a las autoridades hasta con las armas en la mano. El Boletín Oficial presenta un comprobante en estos términos:

"En el osario del convento de Santo Domingo, se han encontrado en estos días porción de fusiles, escondidos por los frailes cuando la ocupación de esta capital por el ejército de los libres",

La hostilidad de los serviles contra el partido liben es conocida de todos.

En julio de 1829, los serviles acababan de sucumbir, y hacían esfuerzos incesantes para volver al poder. Doscientos ochenta y nueve frailes, que manejaban las armas, eran una oposición que el Poder Ejecutivo no podía dejar en pie, como no dejó en pie Carlos III, Rey de España, la que le presentaron los jesuitas.

Ni el senador Presidente, ni el general Morazán salieron el 11 de julio de los límites indispensables para salvar la situación.

Se dice que el único fin de Barrundia y Morazán fue ultrajar a los regulares.

Los que así hablan no recuerdan que los frailes de la Merced no fueron desterrados. Y, ¿por qué? Porque no se habían marcado abiertamente contra las autoridades.

Tampoco fueron desterrados los belemitas. Y, ¿por qué? Porque se dedicaban únicamente a la enseñanza de las primeras letras y al restablecimiento de los convalecientes.

El 28 de julio de 1829 la Asamblea de Guatemala decretó la extinción de todos los establecimientos monásticos de hombres, excepto los belemitas: prohibió en los conventos de monjas las profesiones y los votos solemnes, y declaró que pertenecían al Estado las temporalidades de los conventos extinguidos.

Estas determinaciones para poder regir en Centroamérica, era preciso que fueran aprobadas por el Congreso Federal, primera autoridad de la Nación. El 7 de setiembre siguiente, el Congreso Federal de los Estados Unidos de La América del Centro, no sólo aprobó esta determinación, sino que declaró solemnemente que la República no reconoce ni admite en su seno orden alguna de religiosos.

El historiador Marure dice en el párrafo veintiocho de las Efemérides, que esta resolución del Congreso Federal fue universalmente aceptada por todos los Estados. De lo expuesto se deduce que el gran crimen imputado por los serviles al general Morazán, es otra de sus grandes virtudes.

En el número siguiente saldrá el documento relativo al arzobispo, ofrecido en el número anterior.

ARTÍCULO XXII

El partido servil no cesa de prodigar insultos y de lanzar ultrajes al vencedor de Gualcho. Entre todos los vicios que se le atribuyen está la falta de sinceridad.

No he visto todavía un hecho que lo compruebe. En cambio puedo presentar centenares de falsedades serviles, que han tenido por exclusivo fin engañar al pueblo para mantenerlo en las tinieblas. Hubo un tiempo en que las monjas profetizaban y hacían milagros. Aquellas profecías eran horribles contra los liberales.

Los amenazaban con todo género de calamidades en la tierra y con el infierno en el otro mundo. ¿Será sincero, será leal un partido, que así procede? Sírvanse los señores serviles contestarme esa pregunta.

¿Pero dónde están esas supercherías, dónde esos embustes, dirán los serviles? Ellos saben muy bien dónde están, y yo voy a fijárselas una vez más.

En el año de 1829, encontró don Antonio Rivera Cabezas en el Palacio Arzobispal de Guatemala la relación de una serie de milagros. El presbítero doctor don Mariano Méndez condujo a su casa esa relación, y algunos años después la entregó al licenciado don Miguel Larreinaga, quien la conservó reservada durante su vida; muerto el señor Larreinaga, y probablemente por haberlo él dejado dispuesto, se entregó a una persona de la familia de la monja que hacía milagros. Esa relación está perdida para historia.

Pero se conservan algunas cartas, algunas pinturas resoluciones del Papa Pio VII relativas al asunto. Al fin del capítulo IV tomo I de la Reseña Histórica se encuentra litografiada una carta que firman los ángeles.

Ese tomo se halla ahora en esta imprenta, a disposición de quien quiera verlo. La carta citada prueba que en el cielo no se conocía la ortografía en aquel tiempo.

La expresada carta se tacharía como falsa si no estuviera autenticada por el ilustrísimo fray Ramón Casus y Torres, obispo de Rosén y arzobispo de Guatemala. Al reverso de la misma carta se halla esta nota de autenticidad:

"En 25 de setiembre de 1816, después de darle la comunión a la hermana María Teresa de la Santísima Trinidad, le puse a un lado en las tablas de la cama medio pliego de papel limpio. Cuando volví de decir misa estaba sin escribirse nada. Se escribió, pues, estando en la celda junto a la cama con el padre capellán, madre priora y hermana María Francisca de San José.

Cuando la leí nos retiramos hacia la puertas; y a pocos minutos, como cinco, ya nos avisó que los ángeles le habían dado el alimento. La hallé mascando y sentí el olor como de panes de hostia recientes; según ella dijo eran los que le suministraron en tres bocados en forma de cruz, y así lo repitió en éxtasis, delante de los dichos que percibieron el olor. Es la pura verdad en Dios y en conciencia".

Hay una firma que dice: Fray Ramón, Arzobispo de Guatemala.

Esta nota de autenticidad se halla litografiada en la página sin numerar, entre los folios 38 y 39, tomo I de la Reseña. Allí está también autenticado otro documento relativo a estos milagros.

Parece increíble que el engaño haya llegado a tan alto grado; pero es aún más increíble que la Inquisición haya manifestado más rectitud que el arzobispo y los frailes de Guatemala. La juventud ilustrada que ha leído la historia de la Inquisición, y palpado sus crímenes de lesa humanidad, no podrá comprenderlo, y se lo voy a demostrar.

El presbítero doctor don Bernardo Martínez era el principal inquisidor en Guatemala. El señor Martínez entró en pugna con el arzobispo y con los frailes que lo protegían en la maniobra de los milagros, y dio cuenta a Roma pidiendo el castigo de los culpables.

El arzobispo remitió también un voluminoso expediente que contenía todas las maravillas que se operaban en el convento de Santa Teresa.

El Papa Pio VII dictó la resolución que sigue:

"Al venerable hermano Ramón Francisco, arzobispo de Guatemala. Venerable hermano, salud y bendición apostólica. La relación que nos has hecho en tu carta, de los singulares dones de la hermana María Teresa de la Santísima Trinidad, sometimos a una congregación particular, a fin de que la examinase con toda aquella diligencia y cuidado que exigía la gravedad del negocio. Oída su opinión y dictamen, la consideramos y pesamos atentamente por nosotros mismos, juntamente con los documentos que la acompañaban, y especialmente los lienzos de imágenes y figuras pintadas con sangre, y las cartas que se afirman escritas por manos de los Ángeles. Teníamos a la vista la monición de nuestro Predecesor, de feliz memoria, Benedicto XIV al obispo de Augusta, sobre otra monja semejante, a saber: que una multitud de experiencias manifestaban, que se predican y divulgan sombras vanas y fantasmas de santidad, apoyadas aun por los mismos directores de las almas por sus fines particulares, y con objetos menos rectos.— (Constitución que comienza Solicitudini mostrae, del año 1745.)

Vimos con sorpresa, que es tal la multitud que referís, y la fuerza de sus dones, de sus éxtasis, de sus llagas, de sus cartas e imágenes hechas de un modo sobrenatural, que no se leen en los fastos de la iglesia, notados en algún otro de los bienaventurados, que con luces brillantes de la perfección cristiana, veneramos en los altares. Pero flexionamos también que es tal el cúmulo de hechos, tal la naturaleza de las cartas y escritos, tales los modos de obrar, tal, finalmente, el deseo de la gloria humana contra el ejemplo de los santos, que con el mayor cuidado procuraban ocultar las gracias del cielo, que partiendo de unos argumentos indudables y causas muy ciertas, hemos reconocido y refutado como ilusa a María Teresa, y mandado: que sea tenida como tal.

En esta virtud ordenamos: que se traslade a otro monasterio, si la condición de los lugares y las personas lo permitieren, y que para la dirección espiritual de María Teresa, se elija un sacerdote que haya sobresalido entre los demás por su piedad y prudencia, que no sea de los que se han manifestado más inclinados a aprobar sus hechos prodigiosos.

Pero has de procurar con empeño que todas estas cosas se practiquen con reserva y sin celebridad alguna, sofocando y disipando, inmediatamente, cualesquiera rumores. Además, con el mayor cuidado y eficacia por la caridad de Jesucristo, que nos estrecha con urgencia a procurar la salvación de las almas, te ha de sacar a esta infeliz mujer del error, en que por fraude del demonio se halla se le han de manifestar las asechanzas de este artificioso y astuto enemigo: se han de cortar sus lazos infernales, y finalmente, se ha de mostrar a la misma monja el camino de la justicia, y la senda del juicio. Para que todo esto se ejecute bien y rectamente, juzgamos oportuno dirigirte la instrucción que acompaña a estas nuestras letras, a que deseamos te arregles escrupulosamente. Por lo demás, seguramente entiendes, venerable hermano, cuanta circunspección, industria y reflexión necesita este negocio para ser evacuado felizmente.

Porque como la fe católica, que estriba única y firmemente en la verdad, desprecia y detesta toda sospecha de mentira y falsedad, nada sería más contrario a la santidad de ella, y nada redundaría en su daño, como admitir una quimérica recomendación de virtud por hechos de esta clase, que no siendo de Dios, darían a nuestros contrarios ocasión de vituperar los más santos dogmas de muestra Religión.

Te está patente y manifiesto, venerable hermano, nuestro corazón en asuntos de tanta gravedad. Se ha de desterrar de todos modos cualquiera parcialidad: no se ha de tener acepción de persona alguna: la verdad únicamente se ha de pesar, se ha de indagar, se ha de buscar con suma diligencia.

No se ha de dar a estos hechos un ascenso temerario, ni se han de creer con nimia facilidad, sin que preceda a este fin la industria en ejecutar, la prontitud en hacer, y el consejo en prever lo futuro, Recomendamos una y muchas veces estas cosas a tu prudencia. Así la esperamos con la mayor confianza de tu fraternidad, que con tanta veneración a la silla apostólica pidió ser instruido por Nos del modo con que te has de manejar en este negocio, a quien como prenda de auxilio divino damos con el mayor amor la bendición apostólica Dado en Roma, en Santa María la Mayor, día 19 de junio de 1819, año 20 de nuestro pontificado. —Pío Papa VII.

Así está en el libro en que se copian las cartas de nuestro Santísimo Padre. —Por el señor Mazio, secretario de cartas latinas, —Pablo Polidory".

Esta resolución se encuentra también en latín y en castellano en el capítulo IV, tomo 1, de la Reseña Histórica. Allí puede verse igualmente en latín y en castellano las instrucciones que el mismo Papa Pío VII dio al arzobispo de Guatemala.

ARTÍCULO XXIII

"La República", diario que se llama independiente, político y de los intereses generales del país, presenta en la sección neutral del 2 de diciembre un artículo titulado "Morazán político".

Nada diré acerca de él ahora, porque están pendientes otras materias relativas al general Morazán, que es preciso terminar.

Conviene ir poco a poco y decir en castellano lo que generalmente se dice en latín: "apresúrate despacio".

Apresurándome despacio voy a continuar el asunto frailes.

He presentado íntegro el decreto de 13 de junio de 1830, emitido por la Asamblea del Estado de Guatemala, el cual declara traidor a la patria al arzobispo fray Ramón Casaus, y entre otras disposiciones, ordena que el Cabildo eclesiástico nombre Vicario y Gobernador general del arzobispado, arreglándose al derecho canónico.

Este decreto, ya sabemos que fue emitido, porque no bastó la expulsión de la noche del 10 al 11 de julio de 1829, y fue preciso dar mayor fuerza a esa medida. Pues tampoco bastó todo el rigor del decreto de 13 de junio.

El arzobispo, rodeado de serviles, tomó de pretexto el artículo 59 del expresado decreto, para introducir alarmas, agitaciones y disturbios contra los liberales, y muy especialmente contra Barrundia y Morazán.

Los serviles formaron un cisma en Guatemala, hicieron reñir a unos creyentes con otros creyentes, de lo cual ellos esperaban un trastorno político contra Barrundia y Morazán; pero este trastorno no vino, a pesar de que aquella agitación permaneció hasta el año de 1836.

En ese año, el Papa Gregorio XVI calmó los ánimos y los serviles quedaron vencidos.

He aquí otro Papa dando golpes al partido servil aristocrático. Pero ¿cómo han podido hacer todo esto los serviles, me preguntará la juventud?

Voy a explicarlo. Las personas que estudian las leyes de la Iglesia, llamadas cánones, dicen que una catedral se halla en sede plena, o en sede vacante.

La conceptúan en sede plena cuando existen en ella el obispo y su cabildo. La creen en sede vacante cuando falta el obispo y queda sólo el cabildo.

Entonces el cabildo no puede ejercer por sí mismo lo que los canonistas llaman jurisdicción eclesiástica, y tiene necesidad de nombrar un vicario que la ejerza a su nombre, el cual, por ser nombrado por el cabildo, o sea por el capítulo, se llama Vicario Capitular.

Ausente el arzobispo, primero por la expulsión del 11 de julio de 1829 y después por el decreto de 13 de junio, no había arzobispo. La jurisdicción eclesiástica recaía en el cabildo, y no pudiendo ejercerla aquella corporación por sí misma, debía nombrar un vicario capitular conforme lo prevenía el artículo 59 del mismo decreto en los términos siguientes:

"El cabildo eclesiástico nombrará vicario y gobernador del arzobispado, arreglándose a lo dispuesto en el derecho canónico".

Si se hubiera cumplido esta ley no habría habido cisma y todo habría marchado en paz; pero tal situación no convenía a los serviles.

Ellos querían levantar a unas personas contra otras para promover la revolución.

Y, ¿qué alegaron?

Alegaron que no debía el cabildo nombrar vicario porque había arzobispo.

Se les contestaba que si el arzobispo hubiera muerto, indudablemente el cabildo nombraría vicario y que lo mismo era no tener arzobispo que tenerlo ausente, inhabilitado e inútil.

A esto respondían los serviles que la expulsión del arzobispo había sido un atentado: que el decreto de 13 de junio era nulo y sus autores responsables ante Dios y los hombres.

El arzobispo desconoció al vicario designado por el cabildo y nombró él otro, a quien desconoció el gobierno del Estado de Guatemala y prohibieron que hubiera relaciones con él.

Tal situación agitó los ánimos y mantuvo un profundo malestar.

Este malestar, explotado por los serviles, lo hizo cesar el Papa Gregorio XVI, quien por decreto dado en Roma a veinticuatro de febrero de 1836 declaró legítima la jurisdicción del Vicario Capitular. He aquí otro Papa más liberal que los serviles de Guatemala.

ARTÍCULO XXIV

He hablado de la justicia que el Senador Presidente Barrundia y el general Morazán, tuvieron para expulsar al arzobispo y a los frailes. He referido otros hechos que acreditan que los inquisidores fueron más liberales que los serviles de Guatemala. Ahora voy a comenzar la contestación al artículo "Morazán político".

Contiene tantos errores crasísimos que sólo bajo la impunidad del anónimo puede existir quien se atreva a consignarlos. He aquí sus palabras:

"Si en alguna cosa están casi de acuerdo liberales y conservadores es en considerar a Morazán como una nulidad política.

La fuerza de los acontecimientos y el testimonio de la historia son en este caso tan decisivos, que sólo unos cuantos ignorantes hablan de los talentos políticos de Morazán".

Averigüemos si es verdad que liberales y serviles están casi de acuerdo en considerar a Morazán como una nulidad política. Don José Francisco Barrundia era un personaje culminante en la América Central.

Marure, presentando algunos rasgos biográficos de Barrundia, dice: "Ha sido siempre el alma y el oráculo de su partido por el alto concepto que se tiene formado de sus talentos; y ha tenido una intervención poderosa en los negocios de su patria desde que esta se hizo independiente. Él lo había sido desde el año de 1811, e invariable en sus opiniones, ha sostenido constantemente la causa de la libertad".

Pues este personaje, haciendo justicia al general Morazán, habla del vencedor de Gualcho en términos que no sólo revelan aprecio y respeto, sino grande admiración.

Barrundia, después de referir el asesinato del vicejefe Flores y los atentados de los frailes en aquellas sangrientas escenas, habla del triunfo de los serviles en Chalchuapa y dice que ese triunfo acabó de infatuarlos hasta el extremo de que su jefe cometiera a nombre de la religión atentados dignos de los Tiberios y Atilas.

Enseguida dice Barrundia literalmente lo que sigue: "Mas la victoria desplegó luego sus alas sobre las fuerzas libertadoras. El Salvador recobrando su energía se defendió hasta la última extremidad por un esfuerzo sobrenatural, ocupada ya parte de la ciudad por el enemigo triunfante, lo contraatacó y lo hizo rendirse ignominiosamente".

Se hizo una coalición entre los Estados para restablecer la Constitución y las leyes patrias. Apareció un genio; la libertad le ciñó la espada, y lo puso al frente del civismo. Él apareció inspirado por la patria y por la gloria. Él marcha rápidamente de victoria en victoria, y entra a la capital con la Constitución en la mano. Restablece la gran ley y hace aparecer de nuevo las autoridades disueltas. No derrama una gota de sangre fuera del campo de batalla; aleja el servilismo de la escena pública; abre la prensa a todo género de publicaciones, con la libertad más omnímoda; desprecia la injuria y la calumnia más audaz. Reorganiza el país, lo restablece en toda la dignidad de sus instituciones y se somete a la autoridad nacional.

Este era Morazán.

¿Cuál fue en aquella época y en la paz que siguió al triunfo de los libres su conducta administrativa? Las instituciones más libres y generosas fueron puestas en práctica: la libertad en los escritos sin la menor regla ni modificación, por mis cáusticas y falsas que fuesen las publicaciones del partido vencido contra el vencedor.

Jamás se procesó ni prendió a ningún ciudadano por ofensa a los funcionarios supremos. Reinaron la tolerancia más grande sobre las opiniones y aun sobre conatos de conspiración, la libertad de cultos, la electoral del pueblo, las garantías individuales más eminentes, la seguridad más plena a la conciencia, el establecimiento del jurado, de la ley de Habeas Corpus, de un código penal, el más filosófico y equitativo.

En instrucción pública se entabló una enseñanza bien organizada, bien dotada y sin trabas, que tuvo por resultado una juventud, la más estudios e instruida que hubo en ninguna época. En el progreso material, caminos y obras públicas, y el plan de canalización de los dos mares contratado con el rey de Holanda bajo las condiciones más ventajosas al país".

El asunto exige extensas explicaciones y para darlas conviene continuar oyendo a Barrundia; pero hoy suspendo su narración para demostrar que es un absurdo incalificable que liberales y serviles estén de acuerdo en considerar a Morazán como una nulidad política y que sólo unos cuantos ignorantes hablen de sus talentos.

Oigamos algunos párrafos que se hallan en el discurso pronunciado en San Salvador el 15 de setiembre de 1885, ante la estatus del general Morazán. "La gloria no reconoce fronteras; y para un pueblo lleno de hidalguía como El Salvador, Morazán, a sus ojos, no es hondureño; es un compatriota más, es el heraldo de sus nacionales glorias; la figura gigantea que llena su historia. Este pueblo no fija su mirada ni en la patria ni en el nacimiento del hombre sino que contempla al héroe y a la virtud, pues toda gloria pura la considera como un engrandecimiento de su civilización y como una prolongación de su propia existencia.

Adopta el heroísmo de un Morazán o el genio insuperable de un Bolívar para admiración de los siglos y gloria de la raza que hizo de la América el mundo de las repúblicas y la patria de las democracias.

Morazán trataba la política, la guerra y el gobierno con esa fácil intuición del genio; su elocuencia era vivaz, inesperada, espiritual, deslumbradora, como el rayo en las grandes tempestades del cielo; su palabra dominaba en el seno del Consejo, en el fragor del combate, en la intimidad de la familia; conjunto de facultades que le señalaban como el Moisés del pueblo, el general de sus ejércitos, el salvador de los principios, el alma de una nacionalidad que crecía ya bajo sus auspicios, se dilataba con su nombre y se presentaba ante los pueblos del Nuevo Mundo como el glorioso Macabeo centroamericano librando la batalla de los siglos contra 300 años de colonial servidumbre, densas y pavorosas tinieblas".

Lastarria, célebre publicista chileno, refiriendo acontecimientos importantes de nuestra historia patria, hace la apología de Morazán. Yo pregunto ahora si es cierto que liberales y serviles consideran a Morazán como una nulidad política.

ARTÍCULO XXV

En el anónimo a que hoy me refiero se encuentra lo siguiente:
"Desde 1871 dominó más en los partidos políticos de Centroamérica la fuerza de las pasiones que la fuerza de las ideas".

Estos conceptos, pues, serán mi punto de partida. En los Estados Unidos de América, después de la independencia, dominó más la fuerza de las ideas, y puedo agregar que no sólo dominó más, sino que dominó exclusivamente. ¿Y por qué?

Porque en los Estados Unidos al hacerse la independencia, terminó la revolución, y en la América Central, al hacerse la independencia, comenzó la revolución.

Washington contaba con un pueblo unido y compacto. No tenía más adversario que la Inglaterra. Vencida la Gran Bretaña, todos los americanos volvieron la vista a su libertador, llamándolo: "El primero en la paz, el primero en la guerra, el primero en los corazones de sus compatriotas".

En la América Central, un partido, el partido servil aristocrático, no glorifico a los vencedores de los reyes de Castilla. Al contrario: levantó puñales contra aquellos vencedores, haciéndoles ruda guerra.

Y, ¿de qué manera? La manera que les ocurrió fue levantar un trono que subrogara al que ya no podía darles sombra, y marchar bajo su régimen por la senda de las tinieblas.

¿Y que hizo el pueblo? Levantarse contra los traidores, comenzando otra lucha más ruda que aquella que terminó en setiembre. Oigamos una brillante narración de esos acontecimientos, trazada por la pluma maestra de José Francisco Barrundia.

"Guatemala, esta principal sección de Centro América, la mayor en territorio, riqueza y población, que formaba una parte tan importante de la República Federal, y que fue separada del gran todo en la funesta disolución del pacto nacional, debe llamar de preferencia la atención de los políticos y de los escritores, tanto por el alto rango en que la colocó la naturaleza, como por la influencia que su política, sus revoluciones y su régimen interior, han ejercido y siguen ejerciendo en las demás secciones hermanas suyas, antes unidas a ella en el sistema colonial, en la independencia de la España, y ahora en la desastrosa suerte que han corrido después de perdida su nacionalidad.

La España habla proclamado el sistema representativo y adoptado el principio democrático en su primer vuelo a la libertad ya su regeneración política; había luchado vigorosamente y reconquistado su independencia, se había dado el año 12 instituciones grandes y libres, aún bajo las bases de una monarquía.

Había hecho reformas radicales y dignas de un pueblo capaz de gobernarse a sí mismo. Habla limitado sabiamente el poder monárquico absoluto. Había reformado la aristocracia, cercenado al clero sus privilegios indebidos, dado el sufrago universal a la nación, abolidos los mayorazgos, y novelado todas las clases ante la soberanía del pueblo.

En Guatemala, habían, pues, penetrado a pesar de la distancia muchos rayos de esta luz de regeneración, se empezaron a conocer los derechos del hombre, se sintieron los principios de la seguridad, de la libertad y del voto público.

Se empezó a escribir con franqueza y energía, y al mismo tiempo que se preparaba el camino para la independencia y para crear y ampliar entre nosotros las verdaderas instituciones libres, sin necesidad de recibirlas de ultramar, al mismo tiempo que los verdaderos patriotas se esforzaban por llegar a este objeto grandioso de las aspiraciones de todo país civilizado, los hombres que veían en la dependencia de España, la trasmisión indefectible a la América del principio democrático, las reformas, y la abolición de los privilegios y de la superioridad que gozaran ellos sobre las demás clases en el sistema colonial, la depresión del clero regular, y la nivelación ante la ley y el voto del pueblo; estos hombres que desde entonces fueron llamados y calificados entre nosotros de serviles; porque lo mismo que los serviles de España se oponían a la fin de todas las clases ante la libertad y la justicia, concibieron que la independencia les era favorable, creyeron que establecían en Guatemala una oligarquía que dominase las masas ignorantes con todo su poder y distinciones, y que por supuesto formare un Estado independiente bajo una monarquía absoluta. Era, pues, su pensamiento único esta salvación del clero regular esta conservación de sus fueros y preeminencias contra los decretos eminentemente liberales que emitía el ilustre congreso español.

"Pero sonó la hora, y la voz imponente del pueblo de Guatemala gritó como un trueno de independencia absoluta. Puestos al frente los dos partidos que se acordaron antes para romper la unión con la España, los serviles, en una minoría impotente, por esfuerzos que hicieron para sofocar este grito inmortal y para unirnos en aquel mismo acto a la suerte de México, vieron con despecho al pueblo secundar y multiplicar la voz siempre creciente, y más y más enérgica: *independencia absoluta sin México, sin restricción alguna.*

Se creó entonces una junta provisoria gubernativa, se verificó el juramento sagrado de independencia absoluta, y se invitó y convocó a todas las provincias que antes componían el reino de Guatemala, a unirse a la independencia de la capital y a nombrar representantes para una Asamblea Nacional Constituyente que organizase libremente el país.

Al instante el servilismo que veía su destrucción en este decreto creador de una patria libre, que miraba con una ansia envidiosa el establecimiento de un imperio en México, lo cual lo estimulaba procurar a todo trance la incorporación de Centro América al imperio, tanto que algunos de sus personajes pidieron condecoraciones y títulos los por su empeño en hacernos una provincia imperial; este servilismo atrabiliario y fanático hizo disolver por bandos despóticos las reuniones populares, les impidió la entrada al salón en que deliberaba la junta y anulo toda intervención del pueblo en el gobierno, del pueblo que lo había creado y que habla sido heroico y moderado en sus grandes actos y en sus peticiones siempre justas.

Sedujo después con promesas pomposas y con sueños dorados de felicidad y opulencia imperial mexicana a una parte del pueblo de Guatemala, se adhirió al gobernador Gainza, que presidía la junta provisoria y que deliberaba por un ascenso brillante en el imperio, después de haber traicionado a su propio gobierno; y tuvo esta facción imperial la avilantez y ruindad de formar una noche un gran grupo de pedir fuerza armada a Gainza, y de atacar de improviso a una reunión pacifica e inerme de patriotas que victoreaba a la República.

Asesinaron indignamente a Bedoya y Meida, hicieron a otros y pusieron presos a algunos. Tuvieron la audacia de hacer un proceso a sus víctimas, y de mofarse e insultar las lágrimas de los dolientes.

Desde entonces ya no tuvo diques la facción imperial agitada por el servilismo. Turbas de hombres frenéticos invadían las casas y pedían la proscripción y la muerte de los principales patriotas, por herejes republicanos".

ARTÍCULO XXVI

En el número 3.305 del "Diario de Centroamérica" se encuentra un comunicado, anónimo por supuesto, con el título "Punto final".

Mucho agrada a los servales el sistema de anónimos. ¿Por qué les gustará siempre andar con la cara tapada, o imaginare que así la llevan?

Valle no escribía anónimos. Larreinaga no escribía anónimos. José Venancio López no escribía anónimos. José Mariano González no escribía anónimos. José Francisco Barrundia no escribía anónimos.

¿Y por qué esos hombres no se enmascaraban?

Porque conocían los asuntos de que se trataba y tenían fe en la justicia de las causas que defendían. Mucho empeño manifiestan los serviles en hacer creer que fue un acto de legalidad el atentado escandaloso de 1826.

Tienen razón. Si lo resuelto por Arce el 5 de setiembre de 1826 fue inconstitucional y arbitrario, todo lo que ellos hicieron desde aquel día hasta el 15 de abril de 1829, es nulo y atentatorio, y así fue declarado por el decreto de 22 de agosto de 1829.

Los serviles, pues, no juegan en este debate el interés de un individuo o de otro, juegan su causa.

El decreto de 22 de agosto dice así:

El Presidente de la República Federal de Centro América, restablecido especialmente para acordar las leyes represivas y preventivas que exige la seguridad y el bien de la nación; y considerando:

1°. Que en la guerra civil que acaba ésta de sufrir, el objeto del gobierno federal no fue otro que abolir la Constitución jurada por el mismo y proclamada por los pueblos.

2°. Que en todo sistema político que respete sus derechos, tienen el de resistir la opresión de sus gobiernos.

3°. Que cuando los mismos gobiernos se sobreponen a las leyes, sus actos administrativos no pueden ser reconocidos.

4°. Que si son dignos de consideración los derechos sagrados de los pueblos, los que maquinan para sofocarlos son dignos de castigo.

5°. Que el que en tal concepto merecen los autores y cómplices de la guerra es el de muerte con arreglo a las leyes que la imponen a todo el que se revela contra el pacto fundamental, y conforme al artículo 152 de la Constitución, que reservando para los delitos atroces el uso de esta pena, la decreta respecto de les que atenten directamente contra el orden público:

6°. Que sin embargo el gobierno ha propuesto que se indulte de ella a todos los que debieran sufrirla: que ha hecho esta propuesta, considerándose en el caso en que la permita el artículo 118 de la ley fundamental, y que la ha apoyado en razones de conveniencia general, bastante sólidas y dignas de atención.

7°. Que además de las que expone el gobierno, la multitud de personas complicadas en la guerra; las circunstancias de ser puramente políticas sus causas; la indulgencia con que en otras naciones se han visto las de esta especie en casos semejantes, y a la cual no pocas veces se han debido muy saludables efectos; y las luces mismas del siglo, que han sugerido ya ideas más filosóficas y humanas en todas las materias de legislación criminal: ofrecerían hoy nuevos y poderosos motivos contra las ejecuciones capitales, que en fuerza de todo puede muy bien otorgare el indulto de ellas y que el

Congreso por el párrafo 24, artículo 69 de la Constitución, está autorizado para concederla:

8°. Que dispensándose esta gracia, ella sin embargo, no puede pasar de una conmutación de pena, por ser justo que todos sufran la que corresponde y que a cada uno se le imponga en proporción a su mayor o menor culpa.

9°. Que a esta imposición en lo general, no es menester que proceda forma, juicio, por cuanto se trata de hechos cuya criminalidad es bien pública y notoria; y de personas que abiertamente se rebelaron contra el pacto fundamental de la sociedad.

10°. Que no obstante, los que pueden tener las excusas y excepciones calificadas en este decreto, la razón, la equidad y la justicia dictan se les dé lugar a producirlas, y que es caso de que justifique su conducta, se les modere o remita la pena.

11°. Que después de señalarse las que deben sufrir los autores y cómplices de la guerra, es todavía muy debido obligarles al resarcimiento de los daños que causaron, sin desatender, por otra parte, la subsistencia de aquellos individuos, ni las de sus familias.

12°. Que paras afianzar el acierto en las medidas y providencia ratios este asunto, conviene las tome el gobierno de acuerdo con el Senado:

Y finalmente que dada en estos términos, la resolución general del Congreso, deben quedar subsistentes, en cuanto no la contraríen, así las de las autoridades particulares de les Estados, como los juicios fallados en sus tribunales:

Resuelve y decreta lo siguiente:

ARTÍCULO 1°.

Se declara injusta la guerra que el gobierno de la Federación hizo a los Estados que la componen, desde fines del año de 1826, hasta principios del de 1829, y legitimo el no que los mismos Estados hicieron del derecho inherente a los pueblos libres, de resistencia a la opresión.

ARTÍCULO 2º.

Son nulos todos los actos emanados del gobierno federal, desde el día 6 de septiembre de 1826, hasta el 12 de abril del corriente año, y quedan sujetos a la revisión del Poder Legislativo, o a la del Ejecutivo legítimo, según su naturaleza respectiva.

Este decreto no fue dictado por Barrundia ni por Morazán. Fue dictada por el Congreso Federal y sancionado por el Senado de la Federación, o lo que es lo mismo, fue emitido por la suprema autoridad de la República.

No había poder en Centroamérica que tuviera facultad para declarar insubsistente un resolución dictada por el Congreso Federal, sancionada por el Senado de la Unión y mandada cumplir por el Presidente de la Republica. Todos estos caracteres llevan en sí el decreto de 22 de agosto de 1829.

Si don Manuel José Arce hubiera presentado un decreto semejante en favor del golpe de 186, mucho hubiera ganado, pero no lo presentó.

El Senado se disolvió sin resolver una consulta que se le había hecho. Z. Z., pretendiendo confundirme, lo declara copiando estas palabras: "Visto por último que por nota del Presidente del Senado con data de este día, se sabe que ese alto cuerpo se ha disuelto sin resolver la consulta que el gobierno supremo le hizo".

El Senado se disolvió sin resolver la consulta del gobierno. Y ¿qué hizo entonces don Manuel José Are? Resolvió por sí solo y sin hacer caso del Senado.

Esta es la legalidad que hoy defienden los serviles. Esa legalidad me recuerda otra del mismo género y voy a referirla.

El año de 1842 un bochinche colocó en San José de Costa Rica, al frente de las armas, al portugués Antonio Pinto.

Grupos de hombres armados pedían a Pinto, el memorable día 15 de septiembre de 42, que mandara fusilar a Morazán; y aquel buen señor, sin proceso, sin juicio, ni nada equivalente, dio por sí mismo la orden de muerte, que fue ejecutada.

Cuando se preguntaba Pinto por qué no había mandada juzgar a Morazán, respondía con mucha serenidad y aplomo: "Ya lo he dicho: la ordenanza mandaba que el Consejo de guerra fuera de oficiales generales; y yo no los tenía; ¿qué había de hacer? Lo mandé fusilar". Valiente contestación, digna del partido servil aristocrático.

Vea el pueblo el motivo que condujo al suplicio al jefe, que tantas veces venció a los serviles.

Pues lo mismo que hizo Pinto, practicó don Manuel José Arce. Él consultó al Senado, y habiéndose disuelto aquel alto cuerpo sin oír la consulta, Arce, como Pinto, dio por sí mismo el golpe.

He dicho que si don Manuel José Arce hubiera podido presentar un decreto revestido con todas las formas de ley, como el decreto de 22 de agosto de 1529, mucho hubiera ganado: pero ni aún así hubiera obtenido resultado legal en favor de sus procedimientos. No lo hubiera obtenido porque el golpe de 1825 se dirigía contra la Constitución de la República y contra la Constitución del Estado de Guatemala, las cuales no podían ser alteradas sin que procedieran los requisitos, que las mismas leyes fundamentales exigían para su alteración.

Arce arrebató el poder a Juan Barrundia, a quien subrogó de hecho el vicejefe Cirilo Flores, quien tuvo que refugiarse en San Martín, en donde lo sostenía la Asamblea de Guatemala.

Arce, por un decreto dictado el 22 de setiembre de 1826, declaró facciosa la Asamblea, asegurando que usaría de la fuerza contra ella si no acordaba disolverse.

Arce se revistió con todos los poderes de la nación, y procedía como un soberano absoluto en todas las diversas secciones de la administración pública; de manera que él fue Congreso, Poder Ejecutivo, Senado de la Nación, Asamblea, Consejo Representativo, Corte de Justicia y Jefe del Estado de Guatemala.

Flores, para librarse de las persecuciones de Arce, se refugió en Quezaltenango y allí lo asesinaron los frailes. ¿Tendrán valor los señores serviles para preguntarme ahora, qué leyes se infringieron?

ARTÍCULO XXVII

Se asegura en el anónimo titulado "Curiosidad histórica que "me engolfo en averiguar lo que fue el clero antes y después de la independencia", punto muy distinto del que se discute y que tiene tanto que ver con Morazán, como nosotros con el Gran Turco".

Lógica, señores serviles, lógica. Desde la expulsión del arzobispo y de los frailes verificada en la noche del 10 al 11 de julio de 1829, todos lo serviles maldicen en coro al general Morazán.

No hay una beata que no lo execre, no hay un fraile, ni una monja, ni un cura, ni un sacristán, ni un acólito, ni un monacillo que no suponga al general Morazán ardiendo en las profundidades del infierno por haber sacado de Guatemala al arzobispo, a fray Ramón, el de los milagros, y a los frailes de Santo Domingo, San Francisco y la Recolección.

Tanto agitan al servilismo estas ideas, que hasta en liberales de primer orden han hecho efecto.

El año de 1848, al subir a la silla del Poder Ejecutivo, el ilustre patriota don Bernardo Escobar, dijo a sus amigos: "Los serviles nos hacen la guerra desde el año de 1829 por la expulsión del arzobispo y de los frailes: este es el gran crimen que a los ojos de ellos hemos cometido: esta es el arma que ellos esgrimen contra nosotros, ante el pueblo: es preciso arrebatársela".

Continuó Escobar en consejo de amigos discurriendo sobre la manera de hacer propicio al clero, y nombró ministro de Gobernación a un clérigo: el padre Monterey, y de acuerdo con él, dictó disposiciones que desagradaron altamente a los liberales.

Muy pronto el padre Monterey traicionó al Presidente, y otras disposiciones dictadas en favor del clero, no hicieron más que poner en ridículo al gobierno, sin obtenerse ningún resultado favorable.

Escobar, en vez de halagar a los frailes, debió haber demostrado a la Nación la justicia con que procedieron el Congreso y la Asamblea el año de 1829, al expulsar al arzobispo y a los frailes.

Esta demostración que no presentó Escobar en 1848, la estamos presentando nosotros en 1892. No es cierto, pues, que el asunto clero "tenga tanto que ver con Morazán como nosotros con el Gran Turco".

Lógica, señores serviles, lógica.

Z. Z dice: "Todo lo que el doctor Montúfar ha escrito en Las Noticias y en La Nueva Era, relativo a los frailes y a las monjas, será muy bonito; pero no hace al caso; y como nosotros no nos hemos propuesto tocar estos temas sino sólo exhibir a Morazán, una vez por todas manifestamos al doctor Montúfar que todas las picardías de los frailes y monjas habidas y por haber no demuestran que Morazán fuera un santo".

No demostrarán que era un santo; pero demuestran hasta el último grado de evidencia que el Congreso Federal, la Asamblea del Estado de Guatemala, el Senador Presidente de la República, José Francisco Barrundia y el general Morazán, tuvieron sobrados motivos para verificar la expulsión, y esto es lo que me propuse poner en claro.

Z. Z. agrega: "Dispénsenos el doctor la franqueza; pero como ya pasaron los tiempos del *magister dixit,* no le creemos nada bajo su palabra, a no ser que se funde es documentos auténticos".

Tiene razón Z. Z., y por lo mismo he publicado la resolución dada en Roma en Santa María la Mayor, día 19 de junio de 1819, año 20 del pontificado de Pío VII.

Por eso he publicado en latín y en castellano las instrucciones de Pío VII dirigidas al arzobispo de los milagros. Por eso he publicado el decreto del Papa Gregorio XVI, dado en Roma el 24 de febrero de 1856.

Continúa Z. Z: "Dice Montúfar que después de desterrado el arzobispo Casaus, la Asamblea del Estado de Guatemala, confirmó el decreto de expulsión, en virtud de una acusación que se presentó contra él. Luego decimos nosotros, Morazán al expulsar al arzobispo no tenía facultad de hacerlo, una vez que sí la tuviera, no necesitaría que la Asamblea examinara y aprobara sus actos".

Lógica, señor Z. Z: lógica: no olvide usted tanto la lógica.

En el artículo XIX dije: "Los serviles lanzan injurias al general Morazán, porque desterró al arzobispo y a los frailes en 1829".

Entonces el orden público estaba alterado. Se proyectaba una gran conspiración servil a cuyo frente se hallaban el arzobispo y los frailes. El general Morazán no procedió por sí solo como lo hizo Arce, cuando dio el escandaloso golpe contra el jefe del Estado de Guatemala, Juan Barrundia.

La Asamblea del Estado de Guatemala dijo. Óigase bien lo que dijo: "Considerando que es de absoluta necesidad dictar las más prontas y enérgicas providencias para conservar el orden y proceder contra su perturbadores; ha tenido a bien decretar y decreta:

1º. Se faculta extraordinariamente al gobierno por el término necesario al establecimiento del orden, para ocurrir, a todos los casos en que tenga que obrar para asegurarlo.

2º. Esta facultad podrá delegarla por el tiempo que estime conveniente a persona de su confianza

Dado en Guatemala, 9 de julio de 1829".

La persona en quien el gobierno delega esta facultad fue el general Morazán, y a la media noche del 10 al 11 de julio fueron desterrados el arzobispo y los frailes.

Si tenemos aquí el texto literal del decreto previo a la expulsión del arzobispo y de los frailes, ¿qué necesidad hay de conjeturas?

A Z. Z. no le gusta la claridad y manifiesta algunas tendencias hacia el caos.

Él pregunta, ¿pues si ya se había dado ese decreto para que se emitió el de 15 de junio de 1830?

Siento mucho tener que decir para qué, porque la respuesta puede molestar a Z. Z. y a todo su círculo, pero la necesidad me obliga a ello.

Los señores serviles son incorregibles. Cuando se les arroja por la puerta se introducen, como los jesuitas, por la ventana. En virtud del decreto de 9 de julio, las autoridades de Guatemala se limitaron a expulsar al arzobispo y a los frailes sin imponerles otra pena.

Esta expulsión no bastó. El arzobispo conspiraba de una manera atroz desde La Habana contra las autoridades de la República, y entonces la pena impuesta por decreto de 9 de julio de 29, fue reagravada el 13 de junio de 1830 con el aumento siguiente:

1º. Se declara traidora la patria al arzobispo de Guatemala, fray Ramón Casaus.

2º. Se declara que el mismo arzobispo ha perdido los derechos de ciudadano, conforme a lo dispuesto en el párrafo primero, artículo 20 de la Constitución Federal.

3º. En consecuencia queda extrañado perpetuamente del Estado, y su silla vacante.

¿Sabrán ya los serviles por qué se dictó el decreto de 13 de junio de 1830, existiendo el de 9 de julio de 1829?

Si todavía lo ignoran se los volveré a explicar.

ARTÍCULO XXVIII

El anónimo "Morazán político" continúa así: "Al triunfar la revolución de 1829, cuatro grandes necesidades requerían pronto remedio: cuatro problemas sociales exigían la atención de los gobernantes: la reconciliación de los partidos, la extinción de los odios localistas, las reformas constitucionales y la paz y el progreso de la República.

¿Satisfizo Morazán esas necesidades? Estos señores serviles no saben, o no quieren saber lo que ha pasado, y disertan sobre todo con un tono magistral. Ningún hombre de cierta edad ignora en Centroamérica que desde abril de 1829 los serviles conspiraron incesantemente sin permitir a Morazán a abandonar la espada.

Solo su genio y su actividad pudieron dar lugar a que, fuera del ramo de la guerra, levantara al país a la altura que José Francisco Barrundia lo presenta. Voy a demostrar que las conspiraciones serviles fueron incesantes. El año de 1831 un golpe contra los liberales proyectó el partido servil aristocrático. Sus combinaciones estaban ramificadas en muchos y muy diversos lugares.

Arce, el personaje que produjo los desastres de 1826, olvidado ya, debía salir de su aislamiento y presentarse en la escena invadiendo la República por el lado de México.

Domínguez, uno de los ciegos servidores de don Mariano Aycinena, debía expedicionar sobre Honduras con elementos que los serviles de Guatemala le tenían preparados en Belice, apoderarse del puerto de Trujillo y marchar hasta Comayagua.

Estaba convenido que entre tanto, un tal Ramón Guzmán ocupara el castillo de Omoa con doscientos morenos y enarbolara allí la bandera española.

Una desgracia para los liberales había acaecido en San Salvador. Prado, el jefe que con tanto denuedo sostuvo la causa de la libertad en 1829, había dejado el poder y lo subrogó José María Cornejo, con quien se ligaron los serviles de Guatemala.

La conspiración de Arce contaba, pues, en su favor, con todo el partido servil de Guatemala, con los elementos de que disponía Domínguez, con el jefe del Estado del Salvador, con el clero y los obispos.

Yo pregunto ¿si dada esta situación Morazán podía permanecer tranquilo?

Yo pregunto también ¿si no habiendo estado Morazán en ese periodo al frente de la República, habría podido sostenerse el partido liberal en Centroamérica? Imposible.

El general Morazán hizo sucumbir en todas partes a los serviles. Venció a Cornejo en El Salvador. Venció al faccioso expresidente Arce en Soconusco. Venció al faccioso Ramón Guzmán y a Domínguez en Honduras. Agustín Guzmán, jefe distinguido, después de un prolongado sitio tomó el castillo de Omoa bajo la dirección del general Morazán.

Barrundia, en su lenguaje admirable y en muy pocas palabras, refiere todo esto en los términos siguientes: "Tanto más ofendido y activo el servilismo, cuanto más viera florecer la paz y la libertad en la administración liberal, él meditó y combinó un plan vasto y profundo, luego que se le ofreció la ocasión. Arce se presentó en Soconusco invadiendo los Altos con fuerzas mexicanas. Domínguez revolucionando pueblos de Honduras. El jefe del Salvador armado contra el gobierno federal. El castillo de Omoa proclamando la monarquía española y tremolando su bandera con toda la guarnición. Pero el patriotismo estaba aún vivo en todos los corazones centroamericanos.

En todas partes se triunfó por el valor y las más acertadas combinaciones. Arce fue derrotado completamente. Domínguez fue fusilado. El castillo de Omoa fue tomado por Guzmán después de un sitio largo y desastroso. La administración del Salvador se arregló con la federación; y los libres con el hombre de la República deshicieron gloriosamente esta gran conflagración servil".

Morazán, ni en la Trinidad, ni en Gualcho, ni en San Antonio, ni en el Espíritu Santo, ni en Peruplán ni en las Charcas, ni en la plaza de Guatemala fue tan grande como al triunfar sobre esta vasta conflagración.

ARTÍCULO XXIX

El anónimo "Curiosidades Históricas" dice: "En varios artículos publicados en los diarios de esta capital, referentes al general Morazán, se habla de las violencias y atropellos que ese jefe y sus adictos cometieron en Guatemala después del triunfo que alcanzaran en abril de 1829.

Entre esos actos de vandalismo está el acuerdo de 4 de junio de aquel año, disponiendo que los empleados del gobierno caído devolvieran al fisco los sueldos que hubieran percibido".

Permítame Z. Z. que le asegure que el general Morazán jamás ordenó que se devolvieran tales sueldos.

La devolución fue ordenada, no por un acuerdo de Morazán, sino por un decreto legislativo que, refiriéndose a ciertos funcionarios intrusos, dice: "Devolverán a la tesorería los sueldos que como funcionarios hayan percibido hasta el 13 de abril del presente año".

Este decreto fue dictado por la Asamblea del Estado de Guatemala. Fue sancionado por el Consejo Representativo.

Véanse las firmas de los diputados y consejeros:

"Eusebio Arzate, diputado presidente; José Gregorio Márquez, diputado secretario; Quirino Flores, diputado vicesecretario".

Vamos a ver ahora la sanción del mismo decreto: "Sala del Consejo representativo del Estado de Guatemala en la Corte, a 12 de junio de 1829. Al jefe del Estado, Mariano Zenteno; vicepresidente, J. Maris Santa Cruz M.—Julián Ibarra; José Bernardo Escobar, secretario".

Visto el expresado decreto de 4 de junio, que ninguna relación tiene con el general Morazán, a quien los serviles se proponen ultrajar, ellos creerán que pretendo que caiga una inmensa responsabilidad sobre la Asamblea y Consejo Representativo.

No tengo tal pretensión, porque aquel decreto es lógico y muy justo. Es lógico porque estaban declarados nulos y de ningún valor todos los actos oficiales de las autoridades intrusas de 1826.

Siendo nulos los actos oficiales de los funcionarios intrusos, no podían producirles sueldos. Sin embargo, ellos los habían cobrado indebidamente.

Justo era, pues, que los devolvieron.

No sólo la Asamblea de Guatemala y el Consejo Representativo declararon esa nulidad; también la declararon el Congreso Federal y el Senado de Centroamérica. El artículo 2 del decreto de 22 de agosto de 1829 dice que son nulos todos los actos del gobierno intruso desde el 6 de setiembre de 1826 hasta el 12 de abril de 1829.

La injusticia y la iniquidad referentes a la devolución de sueldos sólo existen, pues, en la mente de los enemigos del general Morazán.

Es menester no olvidar que desde el 5 de setiembre de 1826 quedó desorganizada la República. El Jefe del Estado de Guatemala se hallaba preso, y hostilizados todos los funcionarios del Estado.

Para salvarse de la persecución se trasladaron a San Martín, donde se reunió la Asamblea. Arce, procediendo de una manera inaudita, declaró facciosa a la Asamblea y persiguió a los diputados.

El vicejefe del Estado huyendo de Arce se refugió en Quezaltenango y allí lo asesinaron los frailes.

Toda esta serie de atentados no podía ser legítima, y era preciso declarar la nulidad de todos los actos oficiales que, con tanta barbaridad procedieron.

La cuestión desde el año de 26 quedó planteada así: es nulo todo lo que oficialmente se ha hecho desde la prisión de Barrundia.

Los serviles contestaban: no es nulo sino válido, justo y muy correcto.

No habiendo una autoridad que dirimiera la cuestión fue dirimida por la artillería dando el triunfo a los que pedían la nulidad.

En tal concepto no tienen motivo los serviles para ofenderse porque se les ordenó la devolución de unos sueldos que no les pertenecían.

Pero ellos no se duermen. Inmediatamente que triunfó Carrera volvieron los ojos a sus sueldos devueltos, y exigieron tantas indemnizaciones, que don José Milla y Vidauree llegó a exclamar:

"Aycinena, Pavón, fuera señores,
Fuera con vuestro rancio servilismo.
¿Sonaste ser tal vez conservadores,
O darnos una burla del torismo?

Honorable marqués, no más Bretaña.
No mis statu quo ni tiranía:
Vaya que S. E no se engaña,
Sin el status quo, por Dios, qué haría?

¿Cómo sin él las indemnizaciones?
¿Cómo los sueldos grises y continuos?
¿Cómo cobrar sin él medios millones
Por pérdidas, perjuicios y destinos?".

Basta por hoy.

ARTÍCULO XXX

Guardan silencio, y muy profundo, los serviles respecto de la gran conspiración de 1831. El silencio es su arma, cuando están vencidos.

Ellos lanzaron al faccioso Arce, en una expedición criminal contra los Altos, y sucumbió en Soconusco bajo las órdenes del general Morazán.

Ellos lanzaron a Domínguez sobre Honduras, y aquel jefe, el más diestro de los serviles, fue vencido bajo las órdenes del general Morazán, y expió su crimen en el cadalso.

Ellos lanzaron a un tal Ramón Guzmán hacia el castillo de Omoa, con instrucciones de cometer un gran delito de lesa patria: enarbolar la bandera española en aquella fortaleza. Guzmán fue vencido bajo la dirección del general Morazán, y expió también su crimen en el cadalso.

Al mismo tiempo los serviles influyendo en el ánimo de Cornejo, Presidente del Salvador, hostilizaban al general Morazán, quien venciendo a Cornejo, hizo tremolar la bandera centroamericana en los cinco Estados de Centroamérica. Este glorioso triunfo, producido por hábiles combinaciones y denodados esfuerzos, basta para que Morazán tenga una gloria inmortal. No se necesita más.

Las estatuas que a su memoria se han erigido en Amapala, en Tegucigalpa, en San Salvador; las decretadas en Guatemala y el parque que, con su nombre, ostenta San José de Costa Rica, no requieren más títulos que el triunfo supremo de Morazán sobre esa extensa conspiración servil.

La sola victoria de Morazán sobre los serviles que lanzaron al combate a Ramón Guzmán, le habría valido en otro país una corona inmortal. ¿Qué pretendían los serviles conducidos por Guzmán?

Pretendían destruir la independencia y someter a Centroamérica a una testa coronada. Esto se llama crimen de alta traición.

El crimen de alta traición, en todos los países donde todavía no se ha abolido la pena de muerte, se castiga subiendo al reo al cadalso. En Centroamérica, Ramón Guzmán fue fusilado y también otros cómplices secundarios; pero los que dieron armas, los que dieron dinero, los que prestaron su apoyo y protección, quedaron libres y en actitud de conspirar otras veces.

Ellos, gloriándose hoy con aquella impunidad, maldicen a los vencedores, colman de injurias al que salvó la independencia de Centroamérica, y se atreven a llamarse hombres de bien.

La perpetración del crimen fue precedida por miserables supercherías, calculadas para que la patria centroamericana desapareciera, volviendo a caer en manos de los reyes de España. Hubo un eclipse. La oscuridad llegó a tal punto, que fue preciso encender velas. Este acontecimiento lanzó a los serviles contra los liberales.

Unos decían que aquella oscuridad era señal del juicio, y que llegaba la hora suprema de expiar la expulsión del arzobispo y de los frailes. Hacían repetir al pueblo estas palabras: "Señales en el cielo, trabajos en la tierra". Las monjas multiplicaron sus profecías, y las nubes figuraron palmas en favor de los que murieron defendiendo la causa de su rey.

Sin embargo de todos estos portentos celestes, la situación del castillo de Omoa no mejoró, las angustias de los sitiados crecían de hora en hora. El 1° de julio, llegando a Omoa de regreso de la isla de Cuba, la goleta llamada por los serviles, "General Domínguez", fue aprehendida.

A bordo venían oficiales de Domínguez que habían ido a La Habana a pedir auxilio para sojuzgarnos, al capitán general de la isla de Cuba, y expiaron su traición con la muerte.

El corazón de los centroamericanos, se agitaba entonces.

A la caída del castillo de Omoa, el júbilo brilló en el semblante de todos los hombres de progreso, y los vencedores de aquella fortaleza entraron a Guatemala en triunfo, arrastrando a las colas de los caballos las banderas españolas, que los serviles habían izado en el castillo de Omoa.

Veremos oportunamente el movimiento del general Morazán contra Carrera.

ARTÍCULO XXXI

En el número 3.348 del "Diario de Centroamérica", continuándose el sistema de anónimos, se encuentra uno que comienza así: "El Doctor Montúfar se ha declarado en derrota".

Después de haber saltado a la palestra pregonando a los cuatro vientos que iba a deshacer los entuertos y agravios que los conservadores hacen a Morazán, he aquí que en lo más recio del combate abandona repentinamente el campo".

Comenzaré hoy dando a Z. Z., autor del anónimo, la enhorabuena por la novedad con que sabe embellecer los pensamientos.

Las citas del Quijote son nuevas, y las que se refieren a desfacer entuertos, novísimas. Pero ¿dónde habrá visto Z. Z. mi firma autorizando ese retiro?

Nada he escrito después de mi artículo XXX que publicó "La Nueva Era", porque los serviles no han contestado los cargos que se les han dirigido, como voy a demostrarlo.

Ellos no han respondido a una serie de acusaciones.

Cuando el cargo es muy fuerte y cuando se halla mejor documentado se callan, guardan silencio, y dejando, a su juicio, que se olvide el ataque, inventan nuevas falsedades, y con ellas cantan victoria.

Se les ha dicho que ellos lanzaron al faccioso Manuel José Arce en una expedición criminal contra los Altos, y que Arce sucumbió en Soconusco bajo las órdenes del general Morazán.

Ningún servil ha contestado.

Se les ha dicho que cometieron el crimen más execrable que puede registrar la historia, lanzando a Ramón Guzmán sobre el castillo de Omoa, para sujetar aquella fortaleza al gobierno español, enarbolando en ella el pabellón de nuestros conquistadores: que aquel Guzmán fue vencido, y que, bajo la dirección del general Morazán, expió su crimen en el cadalso: que casi al mismo tiempo los serviles, influyendo en el ánimo de Cornejo, Jefe del Estado del Salvador, hostilizaban al general Morazán, quien venciendo a Cornejo, hizo tremolar la bandera centroamericana en los cinco Estados de Centroamérica: que este glorioso triunfo, producido por hábiles combinaciones y denodados esfuerzos, basta para que Morazán tenga una gloria inmortal: que las estatuas que a su memoria se han erigido en Amapala, en Tegucigalpa, en San Salvador; las decretadas en Guatemala y el parque que con el nombre de Morazán ostenta hoy San José de Costa Rica, no requieren más títulos que el triunfo supremo de Morazán sobre esa extensa conspiración servil, que la sola victoria de Morazán sobre los serviles que lanzaron al combate a Ramón Guzmán, le habría valido en otro país una corona inmortal.

A nada de esto han contestado.

¿Qué pretendían los serviles con Ramón Guzmán? Pretendían destruir la independencia y someter a Centroamérica al gobierno español.

Esto se llama crimen de alta traición.

El crimen de alta traición, en todos los países donde todavía no se ha abolido la pena de muerte, se castiga subiendo el reo al cadalso.

Los serviles quedaron impunes en Omoa, y validos de aquella impunidad, colman de injurias al que salvó la independencia de Centroamérica, y les salvó la vida a ellos, pudiéndolos haber.. fusilado, y se atreven a llamarse ¡hombres de bien!

En vez de una contestación sobre todo esto, viene Z. Z. manifestando que el general Morazán no fue grande cuando rehusó la dictadura, porque los serviles se la ofrecieron en circunstancias en que sólo un poder fuerte prestigiado podía salvar al país de la insurrección, y ese poder era el que se buscaba en la dictadura de Morazán.

No verá Z. Z. que con estas palabras, aun cuando cite a Don Quijote, echa a rodar todos sus argumentos. Volvamos a oír a Z. Z.: "Sólo un poder fuerte y prestigiado podía salvar al país de la insurrección, y ese poder era el que se buscaba en la dictadura de Morazán".

El partido liberal ha increpado a los serviles acerca de este acontecimiento por la inconsecuencia de su conducta.

Don Juan José de Aycinena, ex marqués de Aycinena, fue uno de los enemigos más implacables del general Morazán. En uno de los momentos de frenesí contra el vencedor de Gualcho dijo el señor ex marqués: "En 1829, un soldado se erigió en árbitro de nuestros destinos, hollando con tanto descaro como escándalo la religión, la iglesia y sus ministros, las garantías sociales, las leyes y aun los sentimientos de humanidad".

Pues bien, ese mismo ex marqués se arrojó enseguida a los pies de Morazán y le pidió perdón humildemente.

Don Manuel Francisco Pavón hizo lo mismo y toda la servil aristocracia siguió sus huellas.

Un gran baile prepararon los nobles en casa de don Pedro Nolasco Arriaga para deificar a Morazán. Una viuda aleccionada glorificó en casa de Arriaga vencedor de Gualcho,

Morazán rechazó la dictadura: retiró al ex marqués y a todos los aduladores.

Este acontecimiento tan grande para Morazán, como miserable para los hombres que, habiéndolo ultrajado, se arrojaron a sus pies, es una pesadilla para los serviles; y tratándose de otros cargos que pesan con mayor fuerza sobre sus frentes, los desatienden para buscar disculpas que puedan hacer olvidar al marqués de Aycinena a los pies de Morazán pidiéndole perdón,

ARTÍCULO XXXII

Desde el número 3.348 del "Diario de Centroamérica", hasta el 3.365, no se había visto en ese periódico que tanto acoge los anónimos, el muy célebre de Z. Z.

Las personas que en él se fijan han atribuido su prolongada ausencia a diferentes causas, cuyo examen no me importa.

Ahora se presenta el Z. Z. una vez más.

Tomé el número con avidez para ver de qué manera los serviles oscurecen la verdad y tergiversan los hechos, a fin de responder a los enormes cargos que se les hace en el artículo XXXI y anteriores, y encontré una salida en que no puede descansar un periodista honrado: el silencio.

Se les dijo que ellos (los serviles) lanzaron al faccioso Manuel José Arce en una expedición criminal contra los Altos, y que Arce sucumbió miserablemente bajo las órdenes del general Morazán, a lo cual ningún servil ha contestado. ¿Por qué no contestan ustedes a este cargo, señores serviles?

Se les ha dicho que cometieron el crimen más execrable que puede registrar la historia, lanzando a Ramón Guzmán sobre el castillo de Omoa para sujetar aquella fortaleza al gobierno español, enarbolando en ella el pabellón de nuestros conquistadores, y ustedes, señores serviles, guardan silencio. Se les ha dicho que el faccioso a quien los serviles lanzaron al crimen, expió su miserable atentado en el cadalso: que bajo las órdenes del general Morazán fue reconquistada aquella fortaleza: que las banderas españolas que ustedes, señores serviles, izaron en el castillo de Omoa, fueron atadas a las colas los caballos, y que con ellas se hizo befa en las calles de Guatemala.

Y ¿qué han contestado ustedes a esto? Nada.

Parece que el más grande deseo de ustedes no es disculpar lo indisculpable, sino procurar que se olviden sus mayores crímenes. Pero no se olvidarán. Están grabados en la pública.

Sigamos.

Se les ha dicho que los serviles lanzaron al jefe Cornejo contra el general Morazán para tener siempre en convulsiones, a la América Central, y no permitir que hubiese jamás tranquilidad en la República: que Morazán sujetó a Cornejo y estableció el imperio de la Constitución dominando una gran conspiración servil de Cornejo en El Salvador, de Arce en Soconusco, de Domínguez y Ramón Guzmán en Honduras y de todo el servilismo en Guatemala; y guardan silencio.

Ahora ha visto Z. Z. un brillante artículo publicado en "El Progreso" de Nueva York y preludio de una serie de publicaciones que en loor del vencedor de Gualcho vendrán de luminosas plumas extranjeras contra los serviles de Guatemala, y se ha llenado de indignación.

En su furor, sin atreverse a contestar los cargos que a los serviles se han dirigido, porque son incontestables, se lanzan a nuevos crímenes, porque la calumnia, la difamación y la injuria, crímenes son; y dice que el general Morazán cometió excesos inauditos que sólo en la mente del calumniador se hallan,

Asegura que el crimen más horrible de Morazán es el que llevó a cabo en el padre del general Carrera, don Simón del mismo apellido, a quien, después de cortarle la cabeza, mandó freír ésta en aceite, y clavarla en una pica para exponerla así a la muchedumbre horrorizada.

¿No verá Z. Z. que sus asertos están contradichos por sí mismos? Veámoslo. Contra los serviles y la tiranía de Carrera se han hecho terribles publicaciones, exhibiéndose los enormes crímenes por ellos perpetrados.

No ahora; desde el 25 de febrero de 1870 vio la luz pública en el número 39 del periódico que se publica en Costa Rica titulado "El

Quincenal Josefino", un artículo sobre la decapitación servil del general Serapio Cruz.

El artículo contiene los crímenes cometidos por Carrera y el partido servil aristocrático, entre los cuales se halla el siguiente: "Vio el mismo pueblo en Salamá exigir a un vecino notable de aquella villa que abriera él mismo su sepulcro para cubrirse de tierra hasta la garganta, exigirle en aquella situación misérrima mil pesos para rescatar su vida; vio conseguir a los deudos de la víctima ese dinero con muchas angustias y agonías, vio tomar el dinero a los verdugos y vio mandar enseguida dar golpes a la cabeza que al nivel del suelo se veía hasta consumar el sacrificio".

El Quincenal Josefino agrega estas palabras: "¿Habrá en la historia más ensangrentada del más execrable de los monstruos un hecho que revele mayor barbarie?".

Ese periódico se publicó en San José de Costa Rica el 25 de febrero de 1870 y circuló con asombro de todo Centroamérica en todos los países en donde la imprenta no estaba amordazada.

El 30 de junio de 1871 cayó el gobierno de Cerna y de los nobles, y se arrancaron en Guatemala las mordazas a la prensa. Entonces se reprodujo el artículo citado de "El Quincenal Josefino" agregándose otros crímenes execrables que el redactor había olvidado.

Ese artículo con sus adiciones fue publicado en el periódico titulado "El Partido Liberal", número 17 de 20 de octubre de 1891. Entonces algunos serviles de Guatemala fingiéndose vecinos de Salamá, dijeron que el crimen execrable denunciado era falso.

Al instante se levantaron actas en el mismo Salamá para sostener la autenticidad del hecho, agregando nuevos comprobantes, y los serviles quedaron miserablemente vencidos.

¿Por qué no se han dado pruebas que justifiquen los hechos que Z. Z. asevera?

¿Por qué los serviles que tuvieron a su disposición todo el tiempo corrido desde el 25 de febrero de 1870 hasta el 30 de junio de 1871, no hicieron una recriminación importante para ellos, presentando la cabeza de Carrera mutilada por Morazán?

En "La República", periódico reaccionario, número 481. se increpa al general Morazán atribuyéndole algunos saqueos que se dice fueron verificados en la ciudad de Guatemala y principalmente en la casa de Beltranena.

En "La Nueva Era", número 144 se encuentra una elocuente contestación acerca de este cargo.

Para mayor esclarecimiento de la verdad añadiré algunos conceptos. El partido servil aristocrático de Guatemala invadió dos veces al Salvador antes de haber recibido ninguna hostilidad de aquel Estado.

El 3 de junio de 1822 un ejército servil guatemalteco atacó la ciudad de San Salvador y pudo penetrar hasta el barrio del Calvario, Allí incendió veintitantas casas, y saqueó otras muchas. A proporción que los serviles guatemaltecos hacían botín, abandonaban el combate. Ahora, yo pregunto a los serviles ¿quién fue el primer invasor; fue por ventura, el partido liberal salvadoreño o el partido reaccionario guatemalteco?

¿Quién cometió incendios y saqueos por primera vez; fue el partido liberal salvadoreño o fue el partido reaccionario guatemalteco? Entre El Salvador y Guatemala hubo una segunda invasión.

¿Quién fue el invasor?

Fueron los serviles guatemaltecos, quienes ligados con el mexicano don Vicente Filisola y con el auxilio de 800 mexicanos se propusieron sojuzgar la patria de Delgado. Mientras esto se verificaba, los salvadoreños sufrieron pérdidas y vejámenes.

El 9 de diciembre de 1827, la caballería mexicana sorprendió y acuchilló sin piedad a una partida de salvadoreños que estaban recogiendo víveres.

Otros vejámenes semejantes sufrió el Estado del Salvador durante la segunda campaña.

La tercera invasión de los serviles de Guatemala, la presentó Arce, quien después de haber arrojado del poder al jefe del Estado de Guatemala, Juan Barrundia, se propuso arrojar a los otros jefes liberales de los Estados para quedar como dueño y señor absoluto de la América Central.

Arrojó del poder en Honduras al jefe Herrera por medio de una expedición, a cuya cabeza colocó a don Justo Milla, quien saqueó a Comayagua.

No sólo la saqueó, sino que redujo a cenizas a una parte de la población. Oigamos a Marure:

"El 4 de abril del año de 27, dice, puso Milla formal sitio a la capital de Honduras; y en 36 días que duró el asedio, aquella infeliz población fue saqueada, incendiada y devastada de todas maneras".

Yo pregunto ahora si estas atrocidades perpetradas por los serviles de Guatemala contra Honduras pueden compararse con el saqueo de la casa de Beltranena.

Continuemos.

En 1828 las tropas serviles volvieron a llegar hasta la ciudad de San Salvador, y su conducta fue igual a la observada cuando los serviles invadieron por primera vez. Yo vuelvo a preguntar si aquellos desastres pueden compararse con el saqueo de la casa de Beltranena.

La lista de destrucciones de fincas verificadas en territorio salvadoreño el año de 1828, por los serviles de Guatemala, ha sido presentada oficialmente y es como sigue:

CASAS

En Aculuca: 141
En San Sebastián: 82
En Cuscatancingo: 255
En San Martín: 8
En Mexicanos (de teja): 195
En Mexicanos (de paja): 85
En Ayustepeque: 128
En Nejapa: 285
En algunos barrios de San Salvador: 89

TOTAL:1,268

¿Valdría más que todo esto el saqueo de la casa de Beltranena? No se reclama contra los autores de tantos incendios y devastaciones,

125

¿y por qué? Porque los había ejecutado la nobleza de Guatemala y por consiguiente eran justos y dignos de alabanza.

El saqueo que se supone hecho en dos o tres casas de nobles se había ejecutado en los momentos en que las fuerzas de Morazán ocupaban la ciudad de Guatemala, y en los instantes del combate, y es un crimen.

Los guatemaltecos que se unieron al general Morazán son infames, aunque se ligaran a él para librar al pueblo de Guatemala del yugo de la nobleza; y Milla, que siendo hondureño saquea, devasta e incendia Comayagua, no es censurable porque esos crímenes los comete para favorecer a la aristocracia.

Hablando de saqueos debo decir que las represalias son un derecho.

Sin embargo, durante el tiempo que las fuerzas del general Morazán ocuparon la ciudad de Guatemala, ninguna casa fue incendiada.

Digno es de notarse que desde el 5 de febrero en que comenzó el sitio de Guatemala, hasta el 13 de abril en que se rindió la plaza, pasó algún tiempo. Durante él los sitiadores pudieron haber hecho sufrir a los sitiados todos los horrores de la guerra conforme a la ley de las naciones y se limitaron a que se hicieran claraboyas en algunas paredes para avanzar hacia la plaza pasando de una casa a otra sin incendios ni exterminios.

Los sitiadores no pertenecían sólo al Salvador y Honduras. Se hallaban entre ellos multitud de guatemaltecos, víctimas de la opresión de Arce y Aycinena.

El 22 de enero de 29, el jefe Político de la Antigua Guatemala, declaró que aquel departamento no reconocía más autoridades que las disueltas indebidamente por Arce en el año de 26.

La guerra se hizo general en todas las secciones de la Antigua contra Arce y Aycinena; así es que las desgracias. ocurridas en el combate, aunque justas, no deben imputarse únicamente a Morazán.

Beltranena era el jefe del Poder Ejecutivo.

Su casa, durante el sitio, era, según la ley de las naciones, propiedad enemiga ante el ejército aliado.

No debe extrañarse, pues, que aquellos momentos, sabiendo el ejército sitiador que Beltranena era enemigo armado, algunas partidas de tropa invadieron su casa.

El coronel Raoul dictó una orden general en que se imponía pena de muerte a los militares que cometieran algún robo. Aquel jefe tuvo noticia de que un sargento y un soldado conducían objetos robados. A estos se les juzgó verbalmente en consejo de guerra y fueron fusilados conforme a la orden general en el atrio de Capuchinas.

He aquí la prueba más evidente de que los jefes que mandaban las fuerzas sitiadoras no autorizaban esos saqueos.

MEMORIAS

Para escribir la vida de los hombres públicos que han figurado en tiempos pacíficos bajo un Gobierno constitucional, basta conocer los hechos y las leyes, y ser exacto e imparcial en las observaciones. Para conocer la de los que han figurado en tiempos de revolución y anarquía cuando no ha existido más ley que la salvación de la patria, no es suficiente hallarse impuesto de los sucesos, conocer sus causas ostensibles y pesar las circunstancias que influyeran en ellas; es también necesario buscar el verdadero espíritu que los ha dictado, en los secretos del corazón humano; sin dejarse seducir por los que, aparentando imparcialidad, se constituyen en intérpretes de éste con la mira de satisfacer sus bajas y mezquinas pasiones.

Una misma acción puede ser aconsejada por el interés común, o sugerida por una atroz venganza, y merecer en aquel caso la aprobación pública, o ser en éste reputada por un delito imperdonable.

La muerte de César habría sido un crimen a los ojos de los romanos, si éstos no hubiesen conocido los motivos que obligaron a Bruto a ejecutarla; y no se atribuyera hoy al Gobierno inglés el deseo de abreviar los días de la vida de Napoleón, si hubiera justificado las causas que le obligaron a colocarle bajo la mortífera atmósfera de la isla de Santa Elena.

No es menos cierto que el espíritu de partido ha podido engañar muchas veces al escritor imparcial, y trasmitir por este artificioso medio a la posteridad, como verdades históricas, lo que sólo era obra de la venganza y de la adulación.

Pero esta falta no pertenece exclusivamente a los que nos han dado a conocer lo que ha ocurrido en el antiguo mundo: lo es también de los que se dedican a instruir a las generaciones venideras de lo que pasa en el nuevo, en donde han adquirido numerosos estímulos las pasiones, por el abuso que se hace de la imprenta.

No se crea por esto que yo desee que se limite por una censura previa. Cualquiera que se establezca para destruir un vicio, que es inherente a la libertad de publicar los pensamientos, llevaría consigo el germen que también destruyese esta saludable institución, que si ha sido el mejor sostén de los Gobiernos monárquicos moderados, es, sin disputa, el alma de las instituciones democráticas.

Sí; varias veces se ha abusado de ella contra mí para insultarme; y protesto a los centroamericanos a quienes me dirijo, que lejos de disputar a mis enemigos la posesión de este miserable recurso, procuraré no traspasar los límites de la moderación y del decoro.

No escribo para exaltar pasiones, y menos para revelar faltas y decir injurias a los que me han calumniado en sus memorias impresas en las ciudades de Jalapa y México; sólo tomo la pluma para vindicarme.

Sólo este sentimiento ha podido vencer la resistencia que siempre he tenido para hablar a la Nación, aun en favor de mi propia causa, porque ni nunca me he considerado con la disposición que se requiere en aquel caso, ni con la humildad que se necesita en éste para mendigar un defensor, pues siempre he creído que el que no aspira a engañar, debe presentarse al pueblo con sus propios colores.

En los ocho años que serví a la primera Magistratura, muchos de mis enemigos obtuvieron destinos públicos, sin detenerse a examinar la legalidad de mi elección, ni los motivos que me conservaron en el poder; y a otros que me prodigaban injurias, siempre les acredité con mi silencio, que no deseaba hacer uso para desmentirlos de las ventajas que me daba mi posición. Mas cuando observé que en la desgracia hasta algunos de mis amigos me juzgaban, me decidí a escribir mi vida pública.

No pudiendo fiar a la memoria todos los acontecimientos ocurridos en una revolución de catorce años, pedí los documentos necesarios a Centro-América.

Pero entretanto estos llegan, el tiempo pasa, mis enemigos dan una siniestra interpretación a mi silencio, arrojan sobre mi nuevas calumnias, y no se halla al alcance de todos mi conducta pública que los desmienta. Es por esto que me veo obligado ahora a hablar siquiera de una manera sucinta de los principales acontecimientos ocurridos en la revolución de 1828, que han sido maliciosamente desfigurados por unos, y censurados injustamente por otros. Procuraré apoyarlos en documentos dignos de toda fe, y en testigos, que a la calidad de intachables, por el buen crédito que me merecen, reúnan la particular circunstancia de contarse ellos en el número de mis enemigos. La relación íntima que tienen algunos de los hechos que voy ahora a referir, acaecidos antes de la guerra de 1828, con la materia de que me ocupo, no me permite pasar aquellos en silencio.

La elección del Presidente de la República hecha por el Congreso en el ciudadano Manuel José Arce, contrariando el voto de los pueblos, que dieron su sufragio al ciudadano José del Valle fue, en mi concepto, el origen de las desgracias de aquella época.

Dos partidos concurrieron a ella. En el uno se hallaban los más ardientes defensores de la independencia y los mejores amigos de la libertad. Estos le dieron sus votos para que sostuviese la Constitución Federal, que era obra suya.

Se encontraban en el otro los enemigos de esta Constitución, los amigos de la dependencia española (los frailes, el arzobispo y los Aycinenas) y los que unieron la República al Imperio mexicano. Estos le dieron sus sufragios con la esperanza de que cooperase a la variación del sistema.

Ambos bandos tenían motivos de confianza en su candidato. Aquel citaba en su apoyo la conducta que el ciudadano Manuel José Arce había observado en favor de la Independencia. Este tenía por garantías la opinión que el mismo Arce manifestó desde México al Padre Obispo Delgado, con respecto al sistema que convenía a Centro América, y las que conservó siempre contra el federalismo, que no daban a la verdad las mejores seguridades de su buen modo de proceder en el Gobierno.

Puede, sin descrédito, un ciudadano sacrificar sus opiniones particulares al cumplimiento de sus deberes como hombre público: esto es posible. Pero no puede voluntariamente colocarse, sin mancillar su reputación, en la difícil alternativa de faltar a sus juramentos, y causar las desgracias de su patria; y esto hizo Arce.

Él admitió la primera magistratura de un Gobierno contrario a sus opiniones, y prestó el solemne juramento de ejecutar y hacer cumplir una Constitución que, según lo repite tantas veces en su memoria de 1830 impresa en México, sistema la anarquía y autoriza el desorden.

Si esta conducta no puede conciliarse con la que debiera observar el patriota y el alto funcionario, ella sin embargo descubre los verdaderos motivos que le obligaron a apoyar sus repetidas infracciones de la Constitución en un partido que, al deseo de variarla, añadían algunos de sus principales directores, la halagüeña esperanza de encontrar en Arce el héroe que les hiciese olvidar la sensible pérdida del Emperador Iturbide.

No podría, ciertamente, reconocerse en este modo de proceder al hombre agradecido por la alta distinción con que lo honraran los pueblos, llamándolo a regir sus destinos, si el deseo de ser, a los ojos de estos mismos el bienhechor del primer lustro de la libertad, y por lo menos el primer patriota de la época, no vinieran en su auxilio a disculparlo: ¡Funesta presunción, que tantos males ha causado a la República!

Si el ciudadano Manuel José Arce se hubiera negado a admitir la presidencia, se habría excusado del doble compromiso que sus opiniones, con respecto a la Constitución, le habían sin duda hecho prever. No hubieran entonces tenido lugar sus temores de anarquizar la República si cumplía con las leyes que autorizaban, en su concepto, el desorden; ni sus juramentos habrían sido violados con la infracción de aquellas, agravando con este hecho los mismos males que pensaba evitar.

Tan noble conducta hubiera librado a Centro América de mil desgracias, y al Presidente de ella de un tardío y estéril arrepentimiento, que le fue arrancado por un acto de la más negra ingratitud que lo despojara del ejercicio de la magistratura, y vino en socorro del pueblo cuando se hallaba ya dividido y destrozado por la guerra civil y la anarquía.

"Yo acababa (dice el Presidente Arce), de estudiar en Washington y en los principales Estados Angloamericanos, el sistema federal: había penetrado su origen: había pulsado sus enlaces: me enteré de sus ventajas y me hice cargo de sus defectos". Y todo esto, es necesario decirlo, se obró en pocos días y sin el menor conocimiento del idioma inglés.

No podía decir más el sabio e infatigable míster Alejo Tocqueville, a quien debemos su preciosa obra titulada "De la democracia en la América del Norte".

¡Desgraciados centroamericanos! ¡Vuestros males se pueden lamentar; pero consolaos con este estéril sentimiento, porque no es posible, en conciencia, hacer responsable de ellos a su autor! Si todas las opiniones que he referido son bastantes a hacer conocer la suerte que esperaba a Centro América, yo no las presento al público sino como las precursoras de grandes hechos, que hablan al corazón imparcial un idioma tanto más convincente cuanto que está fundado en las mismas leyes, argumentos y raciocinios aducidos por el ex-Presidente Arce en su propia defensa.

Dos partidos se presentaban a éste y a sus amigos en opinión para variar las leyes, objeto único de sus miras, de sus faltas, de su descrédito y de su desgracia. O el que se emplea regularmente en las repúblicas con el fin de obtener el triunfo en las elecciones y, de consiguiente, el influjo que se desea en las cámaras para reformar o variar la Constitución, o el de la fuerza.

Aunque el primero era más sencillo y el único legal, exigía mucho tiempo su ejecución y, además, carecía de trofeos y de gloria. Si podía haber alguna en persuadir, sería a los ojos del Presidente Arce, tan oscurecida por las intrigas que se suelen emplear en semejantes casos, como el color de los vestidos diplomáticos de las personas que debieran ejecutarlo.

No siendo este recurso acomodado al genio del Presidente, y menos a sus intereses, eligió el segundo partido. Dos motivos le obligaron a obrar de esta manera. Seguir las huellas de los héroes conquistadores para poder adquirir esa gloria guerrera, tanto más noble cuanto son grandes los obstáculos que vence y los peligros que corre el jefe militar que la obtiene a la cabeza de sus soldados vencedores, fue, sin duda, el objeto del primero. Afirmar para lo futuro en los hombros de estos mismos soldados la silla del poder en que no se creía bien seguro por la inconstancia de los diplomáticos que lo colocaron en ella, era la mira del otro.

Esta inconstancia que comenzaba ya a experimentar, le fue muy pronto funesta por la vez primera en el cuartel general de Jalpatagua. Allí lograron don Antonio Aycinena y don Manuel Domínguez introducirse, digámoslo así, disfrazados con las insignias militares que arrancaron al mérito del soldado y obtener un triunfo con el auxilio de la táctica diplomática, que tuvo por trofeos en deposición del Comandante Perk y el despojo de todo el influjo que tenía el Presidente Arce en el ejército. *(*).*

(*). *Página ochenta y cinco de las Memorias de Arce.*

El escandaloso suceso ocasionado porque unos pocos empleados del Gobierno del Estado de Guatemala no concurrieran en un mismo edificio con el Presidente de la República a la función cívica del 15 de septiembre de 1826, que en otras circunstancias sólo hubiera comunicado al pincel algunos personajes en actitudes propias a una caricatura, produjo entonces malísimos resultados.

Todos los elementos de discordia que se habían ya acumulado por los que apetecían un cambio, se agitaron de tal modo, que ocasionaron muy pronto la completa desorganización del Estado de Guatemala que, abandonado y sin defensa, quedó en manos del Presidente de la República, el que, por un abuso escandaloso de su autoridad, también redujo a prisión a su primer Jefe, ciudadano Juan Barrundia, y desarmó las milicias del mismo Estado.

"Este desenlace", se dice en la Memoria de Jalapa escrita contra mí por don Manuel Montúfar, Jefe de Estado Mayor del ex-Presidente Arce, cuya opinión es irrecusable, "hizo ridículo todo lo que antes había parecido un golpe maestro de aquellos que afirman el orden: todos los que se habían comprometido comenzaron a temer y a desconfiar en lo sucesivo. El Presidente publicó pocos días después una exposición documentada de los motivos que impulsaron al arresto de Barrundia: todas eran conjeturas, razones de congruencia y documentos diversos, débiles unos, ridículos otros, y todos capaces de persuadir en lo privado que existía una conspiración; pero no para convencer en juicio".

Semejante suceso, que, por las circunstancias de que fue acompañado, pareció a algunos un ensayo de las armas del poder, y que, en realidad, fue el resultado de una combinación que preparara, como se vio después, igual suerte a todos los jefes de los demás Estados que no supieran defenderse, inspiró en éstos una fundada y justa desconfianza. Aunque se quiso disculpar el hecho, asegurando que aquel funcionario había provocado con su conducta al Jefe de la Nación, y obligado a éste a hacer uso de la facultad que le concede el artículo 175 de la Constitución, que nada previene para un caso tan singular; la conducta observada por el Vicejefe Flores, que el mismo Presidente colocó en el Gobierno por la confianza que le inspiraba, les acreditó que éste sólo buscaba en las autoridades de los Estados, agentes sumisos y prontos a ejecutar sus voluntades.

Pero Flores se portó con una dignidad y firmeza que no se esperaba, resistiéndose a cumplir la orden de desarmar al Capitán Cerda, y negándose a admitir la fuerza federal que le ofrecía el Presidente: la que con pretexto de hacer respetar la autoridad del Estado y conservar el orden en los pueblos debía completar la sumisión de éstos y la humillación de aquel funcionario.

Conducta tanto más honrosa y meritoria cuanto que ella produjo la catástrofe que le aguardaba en la misma iglesia de Quezaltenango, en donde, puesto en manos de un feroz populacho, instigado por las funestas ideas que le inculcaron sus sacerdotes, pereció al pie de las imágenes de los Santos, a la vista de jueces y en presencia de la Eucaristía, que éstos exhibieran para acreditar sin duda, que muchos de los que se llaman religiosos entre nosotros, no creen en el Dios de los verdaderos cristianos.

Y de este modo los empolvados altares del fanatismo, que estaban ya olvidados en el presente siglo, fueron de nuevo levantados por sus dignos ministros, y enrojecidos con la sangre inocente del desgraciado Vicejefe Cirilo Flores.

Para que no se crea que exagero, hablando de la sumisión que el Presidente exigía de los Jefes de los Estados, copiaré lo que dice aquel funcionario en la página 42 de sus Memorias.

"Sin pérdida de instante se puso en el conocimiento del Vicejefe, ciudadano Cirilo Flores, el arresto del Jefe Barrundia, previniéndole que tomase el mando del Estado, en razón de ser él llamado por la ley, a ejercerlo en casos semejantes, franqueándole al propio tiempo la tropa veterana para que la emplease en la conservación del orden y en el servicio de su persona y de la Asamblea. También se le pre- vino que mandara a desarmar al Capitán Mayor Cayetano Cerda, que permanecía en el departamento de Chiquimula, alborotando los pueblos y perturbando la tranquilidad con la tropa con que atacó a Espínola: Flores se encargó de la jefatura: pero se negó a obedecer al

Gobierno en todo lo demás, y particularmente en el punto tan esencial de desarmar a Cerda...

En la foja siguiente se expresa en estos términos: "Como en tiempos de revolución todo es delirio, no ha faltado entre nosotros quien se atreva a proferir la blasfemia política, de que los jefes de los Estados no son súbditos del Presidente de la República, y es así que me veo en la necesidad de hablar hasta de esta impertinencia. La Constitución, en el artículo 123 dispone: que el Presidente prevenga a los jefes de los Estados lo conveniente en todo lo que concierna al servicio de la Federación".

Sea cual fuese de sus acepciones la que le dé al verbo prevenir, nunca será la de mandar a ordenar el superior al súbdito que ejerza alguna cosa. El Presidente, en uso de este artículo, pudo prevenir, advertir, informar o avisar a los Gobiernos de los Estados lo conveniente al servicio de la Federación; pero no pudo mandarles en concepto de subordinados".

Si el artículo en cuestión exigiese de los jefes de los Estados la absoluta subordinación al Presidente de la República, que deben los súbditos han superior, no merecía ciertamente el nombre de federal la Constitución de Centro América; y si el Presidente Arce hubiera conocido mejor nuestro sistema y su propio idioma, habría cometido una falta menos en su conducta administrativa, y quitado a la venganza de sus partidarios un motivo más para llevar la guerra en su nombre a todos los Estados de la unión.

Cada uno de los Estados que componen la Federación, es libre e independiente en su Gobierno y administración interior (art. 10) y les corresponde todo el poder que por la Constitución no estuviese conferido a las autoridades federales.

A la vista de este artículo ¿cómo habrá podido sostener el Presidente Arce semejantes pretensiones? Y, ¿cómo sin pasar por la humillación de que una autoridad extraña se ingiriese a título de superior en el régimen interno del Estado, podía el Vicejefe Flores, por las órdenes de aquel, tomar posesión del Gobierno: desarmar al Capitán Cerda; y lo que es aún más degradante, admitir a su servicio fuerzas federales, porque no convenía a los intereses del Jefe de la

Nación que usase de las del Estado que había ya éste disuelto, reteniendo en su poder el armamento?

Pero aún hay más. Sobre el poder que da el citado artículo 10 a los Gobiernos de los Estados, aparece otro mayor, que si han pasado en silencio los legisladores, no por esto han podido evitar que exista, y menos que se ejerciera de una manera positiva por los Estados en el momento mismo en que se buscaban pretextos para humillarlos, y se invocaban las leyes para reducir a sus jefes a la humilde condición de subalternos. Hablo de la parte de supremacía que corresponde a los Estados. Supremacía más eficaz que la de la Federación: puesto que se ejerce, como se vio entonces, al arribo inmediato del pueblo, en lugar que la otra sólo tiene por apoyo la ley y el convencimiento de unos pocos ciudadanos a quienes su ilustración los eleva sobre las localidades, y sus honrosos precedentes los llaman a servir los primeros destinos de la Federación.

Si esta es una falta que causa algunas veces males y principalmente en los gobiernos nuevos, ella nace de un vicio inherente al sistema federal que divide en fracciones al pueblo; y por lo mismo exige para evitar sus malas consecuencias el mayor tino y prudencia de parte del primer funcionario.

Si este convencimiento pudo hacer más moderado y circunspecto al Presidente Arce, el conocimiento que adquirió del sistema federal en la República de Norteamérica le debió descubrir la complicación de la teoría y las dificultades en su aplicación. Dificultades que debiera considerar mayores en Centro América, puesto que no podía aguardar que se encontrasen en el pueblo, ni el conocimiento regular de aquel sistema, ni el hábito de gobernarse por sí mismo.

Debió tener presente que, como Jefe de la República, era el primer responsable de la paz. Se había hecho cargo de los defectos del sistema federal. Había estudiado el de la República que gobernaba; conocía a los hombres que estaban a la cabeza de los negocios, y no ignoraba los hábitos y educación del pueblo. Tenía éste, pues, muchos títulos para aguardar de la capacidad y experiencia de su Presidente, lo que no podía esperar de la ilustración y buenos deseos que animaran a sus mejores ciudadanos. Todas las miradas estaban por esto pendientes de la conducta que observaría el Supremo Magistrado.

De él aguardaban todos el bien de la República. Nadie le podía disputar el alto honor de haberlo conseguido; ni menos puede hoy dividir con otro la responsabilidad de los males que ocasionó con una guerra que pudo y debió evitar.

No teniendo ya nada que temer el Presidente Arce en el Estado de Guatemala, en donde, por consecuencia de los hechos que acabo de referir, las autoridades legitimas habían ya desaparecido, mandó hacer nuevas elecciones que, por el influjo de las bayonetas, recayeron en aquellos hombres más notables de su partido. Reorganizado de esto modo el Estado de Guatemala, dirigió el Presidente sus miradas a los de Nicaragua y Honduras.

En el primero, por una anomalía propia de la revolución, se encontraban a un mismo tiempo gobernando el Jefe Cerda y el Vicejefe Argüello, y eran ambos obedecidos por sus respectivos partidos.

Como el de Argüello pertenecía a los liberales y las opiniones de este funcionario eran contrarias a las del Presidente de la República, la política demandaba la protección decidida que éste le prestó a Cerda, remitiéndole una cantidad considerable de fusiles, que condujo el ciudadano Policarpo Bonilla.

Este auxilio llamó la atención a Argüello y no pudo proteger a Honduras, en donde buscaba motivos el Presidente para desorganizarlo.

A este fin mantenía correspondencia con los más desacreditados enemigos del Jefe de aquel Estado, ciudadano Dionisio Herrera, y daba otros pasos que, si eran menos deshonrosos, no parecían propios del que aparentaba un profundo respeto a las leyes, sino del que buscaba el triunfo sin escrupulizar los medios de conseguirlo.

El Teniente Coronel de la Federación, Ignacio Córdova, que por licencia del Supremo Poder Ejecutivo servía la Comandancia local de la ciudad de Tegucigalpa, con nombramiento del mismo Jefe Herrera, cuando fue separado por éste, se negó abiertamente a obedecer, alegando que había obtenido igual nombramiento del Jefe de la Nación. La ciudad de Tegucigalpa se halla situada en la cordillera a más de dos mil metros de altura sobre el nivel del mar, y distante de éste cuarenta leguas por la parte más inmediata. No es, pues, ni una frontera ni un puerto para que el Presidente se creyese facultado para nombrar allí un Comandante, a no ser que haya pensado hacer después navegable el río de aquella ciudad en las doscientas leguas que corre antes de desaguar en el Pacífico. Este escandaloso avance de la autoridad, ejecutado con la mira de sostener el partido que hacía la revolución a Herrera en Honduras, produjo la acusación que éste dirigió al Congreso contra el Presidente Arce, acompañando todos los documentos que esclarecían el hecho.

Despechados los enemigos del Jefe Herrera con el mal resultado que tuvieran los medios que habían empleado hasta entonces para trastornar el orden, se decidieron a quitarle la vida. A medianoche los asesinos dirigieron sus tiros por dos balcones de la casa que habitaba, a otras tantas camas colocadas al frente.

Los malvados ignoraban cuál de ellas pertenecía al Jefe Herrera; pero sabían muy bien que una era ocupada por su esposa. Sin embargo, antes quisieron triplicar las víctimas, agravando su crimen con la muerte de la madre inocente y del hijo tierno que aquella tenía en sus brazos en el fatal momento, que permitir se les escapase la que era objeto de la venganza de aquellos que habían estimulado su sórdido y mezquino interés. Pero por una feliz casualidad las balas se introdujeron en el colchón de la cama en que se hallaba la señora de Herrera, y otras rompieron una columna del catre en que dormía éste, sin haberles cansado daño alguno.

Los asesinos presentaron en su precipitada fuga las señales positivas de ese crimen. En aquella misma noche, sin ser perseguidos, desaparecieron de la ciudad de Comayagua el Escribano Ciriaco Velásquez y Rosa Medina, quien después acreditó, en la destrucción de las mejores casas de Comayagua, mandada a ejecutar por el Coronel Milla cuando sitiaba aquella ciudad, que era tan buen incendiario como torpe asesino.

A los pocos días de haberse intentado este crimen, se introdujo en el Estado de Honduras el batallón federal número 2, al mando del Coronel Milla, con el pretexto de custodiar los tabacos que existían almacenados en la Villa de los Llanos, perteneciente al mismo Estado y distante setenta leguas de la Capital de Comayagua, que era entonces la residencia del Jefe Herrera.

Este, que tenía mil motivos para temer un atentado del Presidente de la República, y que no veía el riesgo que corrían los tabacos existentes en el departamento de Gracias, se persuadió que él era el único objeto de aquella fuerza. Tomó, en consecuencia, algunas precauciones y reunió varias compañías de milicias.

Para observar la fuerza federal destinada a cuidar los tabacos, que por diversos avisos se sabía haber órdenes del Presidente de la República para marchar sobre Comayagua, se mandaron cuarenta hombres a las órdenes del Oficial Casimiro Alvarado, que llegó hasta el pueblo de Intibucá, distante treinta leguas de la Villa de los Llanos. Allí supo Alvarado que el Coronel Milla se había puesto en marcha con toda la fuerza.

Para conocer la dirección que traía, hizo marchar al Oficial, ciudadano Francisco Ferrera con diez hombres. En el pueblo de Yamaranguila, distante dos leguas de Intibucá, se encontró Ferrera con la División federal y, para memoria de un hecho heroico, se batió con sólo sus diez soldados, logrando detener por algún tiempo la marcha de toda la División de Milla. Obligado luego a retirarse, como era regular, dio parte a Alvarado de lo que habla ocurrido, el que al instante contramarchó con sus cuarenta hombres, y fue a ponerlo todo en conocimiento del Gobierno, en cumplimiento de su comisión.

Para justificar la marcha del Coronel Milla sobre Comayagua, dice el Presidente Arce en sus Memorias, que fue ocasionada por el acto hostil que recibió este Jefe en Yamaranguila de parte de las milicias del Estado. Pero si se observa que Herrera tenía seiscientos hombres y que podía disponer de todos para dirigirlos sobre Milla, porque no había otro enemigo en el Estado que le llamase la atención: que los cuarenta hombres que mandó en observación a Intibucá, eran pocos para atacar las fuerzas de aquel Jefe, pero bastantes para llenar el objeto a que se les había destinado: que los tabacos, única mira que había traído a Milla con su batallón a Honduras, se hallaban en los Llanos, distante sesenta leguas de Comayagua, veintiocho del pueblo de Yamaranguila donde le encontró la descubierta de diez hombres del Oficial Ferrera; y treinta del pueblo de Intibucá, en donde se hallaba igual número de soldados en observación, a que pertenecían los de Ferrera; se vendrá en conocimiento de que no hubo ninguna clase de provocación de parte del Gobierno del Estado que, en uso de las facultades que le daban las leyes, bien pudo dirigir las milicias a cualquiera de los pueblos del mismo Estado.

Si todos estos hechos comprueban que el Presidente Arce fue el primer agresor en la guerra de Honduras, sin ninguna provocación por parte de sus autoridades, la nota reservada que dirigió al Coronel Milla, fechada el 7 de marzo en el cuartel general de Apopa, y firmada por su Jefe de Estado Mayor, el Coronel ciudadano Manuel Montúfar, en que le previene sustancialmente: que ponga término a los males que causa el Jefe Herrera en Honduras, haciendo uso de las armas, y que proteja a los que este persiga, pone en un punto de vista más claro aquel hecho: descubre los únicos culpables de la guerra, y justifica la resistencia que los hondureños hicimos con las armas.

El hecho que acabo de referir tiene dos testigos de toda excepción. El ciudadano general Francisco Ferrera, actualmente Jefe del Estado de Honduras, que fue el Oficial que atacó a Milla en Yamaranguila, y el Teniente Coronel Casimiro Alvarado, que mandaba la fuerza de observación.

Ambos existen hoy en Honduras y a la cualidad de contarse ellos en el número de mis enemigos, reúnen las demás circunstancias que deben tener los testigos que he ofrecido.

Después de publicado este documento creo que el ciudadano Coronel Manuel Montúfar no podrá desmentir (como lo hizo en sus Memorias de Jalapa) el hecho a que se refiere; ni el ciudadano Manuel José Arce se resistirá a confesar (como se ve en sus Memorias de México) la responsabilidad que tiene por los males que ocasionara a Honduras.

Tampoco se atreverá a negarlo el Coronel Milla, que no querrá pasar por un militar desobediente, y lo que es peor, por un hijo ingrato que llevó injustamente la guerra a su patria para castigar agravios que no había recibido de sus conciudadanos, y en recompensa de los votos que estos le dieran para Vicejefe de aquel Estado. Milla sin encontrar en el camino ninguna resistencia llegó a la ciudad de Comayagua el 4 de abril, y estableció su cuartel general en la Iglesia de San Sebastián.

Unas trincheras mal construidas, y un Jefe militar traidor, eran dos obstáculos de fácil acceso para los sitiadores, si la vigilancia de los soldados patriotas no hubiera hecho impotentes por largo tiempo las maquinaciones de la intriga, así como los diversos ataques que se dieran a la plaza. Estos no tuvieron otro resultado que el saqueo de toda la ciudad que se hallaba fuera de trincheras, y el inútil incendio de sus mejores edificios con que se vengara la cobardía, ofendida de la tenaz resistencia que le opusiera el valor de un puñado de soldados hondureños y leoneses.

En tanto que tenían lugar estos sucesos, la fuerza enemiga se aumentaba en razón que se disminuía la de la plaza. Los víveres faltaban ya en ésta; y muchas veces era mayor la sangre que se derramaba, que el agua que se tomaba en el río defendido por los contrarios.

La esperanza de un pronto auxilio hacía, sin embargo, sufrir estos males con resignación; pero esta desapareció muy luego. Cuando se supo en la plaza que la tropa auxiliar se había disuelto en la Hacienda de la Maradiaga, después de haber rechazado la División que la atacara al mando del Teniente Coronel Hernández, el desaliento se apoderó del ánimo de los cobardes.

La perfidia del Comandante tuvo en ellos un apoyo, y la plaza se rindió el 9 de mayo de 1828 por una capitulación en que todo lo sacrificaba el traidor, por la conservación de su empleo, al jefe que no había podido lograr ninguna ventaja sobre los sitiados. Y para que nada faltase a este documento vergonzoso, la firmeza con que había el jefe Herrera rechazado las proposiciones de rendirse que se le hicieran, fue castigada dejándolo a merced del vencedor como prisionero de guerra.

El Presidente de la República que pocos meses antes, queriendo acreditar su respeto a la ley, puso al Jefe del Estado de Guatemala, en el término de tres días a disposición de la Asamblea que debiera juzgarlo, hizo conducir a Herrera preso a la capital de la República, ciento sesenta leguas distante de la ciudad de Comayagua, a donde debiera reunirse la Legislatura para conocer de su caso, si aquel Magistrado hubiera tenido esta vez el deseo de ser un religioso observando de la Constitución. Pero se olvidó entonces de ella por no convenir a sus dobles miras de humillar al Jefe Herrera, dándole por prisión en mucho tiempo la misma casa que él habitaba, y de acreditar à sus contrarios el desprecio que hacía de las leyes.

Cuando un funcionario público trata de encubrir con las formas judiciales la satisfacción de sus personales agravios, aún existe la esperanza de que vuelva al sendero de la ley: pero cuando el descaro se asocia a la venganza, la esperanza desaparece, porque entonces el espíritu de Sila obra en la voluntad del gobernante.

Aun cuando el Presidente Arce no hubiera expresado sus opiniones contra estas mismas leyes antes de posesionarse del Ejecutivo Federal, ni se apoyara después en el partido que apetecía un cambio de Gobierno, eran muy repetidas las infracciones para que no fuesen voluntarias, y vitales los golpes que dirigiera al sistema, para que no envolviesen la dañada intención de destruirlo.

Él supo anular la resistencia que le opusiera el Senado, influyendo para que dos senadores amigos suyos se negasen a concurrir a las sesiones para que se disolviese el cuerpo por falta de número.

Él logró que varios Diputados, también amigos suyos, no concurriesen a las sesiones extraordinarias del Congreso, en donde debía exigírsele la responsabilidad con arreglo a la ley, por no haber acreditado en las sesiones ordinarias la justa inversión de los caudales públicos entre otros motivos no menos poderosos.

Él, en tanto que anulaba de este modo la representación nacional, se erigía en Juez de los que tenían derecho para juzgarlo, usaba de facultades que ni esta misma representación nacional había obtenido del pueblo, y convocaba, a su manera, la reunión de un Congreso extraordinario.

Él, arrogándose las atribuciones del Congreso, interpretaba la ley según sus miras, y reducía a prisión al Jefe de Guatemala en concepto de ser súbdito sayo. En este propio concepto ordenaba al Vicejefe que sucediese a aquel en el Gobierno, que desarmara las milicias del mismo Estado, y que tomase a su servicio las fuerzas federales.

El nombraba comandantes locales en el centro de los Estados, como lo hizo en la ciudad de Tegucigalpa. El daba órdenes al coronel Milla para que hiciese la guerra al Jefe del Estado de Honduras.

Él, en fin, jugaba de este modo con las leyes y se burlaba del pueblo que le confiara su ejecución.

145

Al recordar la conducta que observó el Presidente Arce en el Gobierno, no ha cabido en mí el mezquino deseo de herir su amor propio, ni la innoble mira que dirigiera su pluma al escribir las Memorias que publicó en México.

La mía tiene un objeto más honroso y justo. Acreditar con todos estos hechos "que fue legal la resistencia que opusieron los Gobiernos de los Estados al Presidente de la República, y necesaria la guerra que llevaron los pueblos a la capital de la misma República"; esto es lo único que me he propuesto probar, y creo haberlo conseguido.

Ahora trataré únicamente de mis hechos como funcionario público. Pero como no pretendo escribir mi apología, sólo citaré en mi defensa, como lo he ofrecido al principio, aquellos de que se haya hablado con injusticia, o que convengan a mi propia justificación.

Como uno de los jefes de la fuerza que se disolvió en la Maradiaga, marché en busca del auxilio que mandaba el Vicejefe del Estado del Salvador. Pero este auxilio que llegó a Tegucigalpa después de haberse rendido la plaza de Comayagua, era tan pequeño que tuvo que retirarse hacia el Estado de Nicaragua. Los Coroneles Díaz, Márquez, Gutiérrez y yo, buscamos en él nuestra seguridad, y acompañamos al jefe que lo mandaba.

Un incidente desagradable, que podía comprometer nuestro honor, nos obligó a separarnos de él en la Villa de Choluteca, y a pedir garantías al Coronel Milla para permanecer en Honduras. Nuestros deseos fueron satisfechos por este jefe, mandándonos el pasaporte con el mismo correo que condujo la solicitud.

Al instante marché con dirección al pueblo de Ojojona para disfrutar en unión de mi familia de la gracia que se me concediera. Por un presentimiento, que jamás cupo en la confianza que me inspiraba la palabra de Milla, dichos jefes no corrieron la suerte que se nos aguardaba en aquel pueblo, y yo, víctima de mi credulidad, conocí aunque tarde, lo poco que debe confiarse en los que defienden una mala causa.

Diez horas después de haber llegado al pueblo que había señalado mi residencia, fui reducido a prisión por el Teniente Salvador Landaverri de orden del Mayor Anguiano, Comandante local de Tegucigalpa, y conducido a aquella ciudad. A pesar de haber presentado a este jefe mi pasaporte, me hizo poner en la cárcel pública.

La seguridad de que en semejante atentado no tuviera parte el Coronel Milla, me hizo dirigirle una exposición en que le expresaba con bastante energía los males que me ocasionaban sus ofrecimientos. La contestación de este jefe me dio a conocer el lazo que había tendido a mi confianza, y sólo procuré entonces los medios de evadirme de la cárcel.

Después de haber sufrido veintitrés días una estrecha y penosa prisión, pude burlar la vigilancia de mis carceleros, y retirarme a la ciudad de San Miguel. De allí pasé a la de León en busca de auxilios para volver sobre Honduras.

En mi tránsito por el puerto de la Unión, hablé por la primera vez con el ciudadano Mariano Vidaurre, que como Comisionado del Gobierno del Estado del Salvador, pasaba al de Nicaragua con el objeto de procurar un avenimiento entre el Jefe y Vicejefe de aquel Estado, que mutuamente se hacían la guerra. Vidaurre se interesó mucho para que se me auxiliase por este último.

Entre tanto, el Coronel Ordóñez, que llegó preso a León, pudo formar una revolución contra el Vicejefe Argüello, que tuvo por resultado la deposición de este funcionario, y el auxilio que se me dio de los militares que le eran más adictos.

Ciento treinta y cinco, entre jefes y oficiales, componían mi pequeña fuerza. Su fidelidad al Gobierno a que habían pertenecido me inspiraba la mayor seguridad, y la fundada esperanza de reunir los descontentos hondureños, que produjeron las persecuciones de Milla y sus agentes, ponían de nuestra parte todas las probabilidades del triunfo.

En la Villa de Choluteca, con el auxilio que mandó el Gobierno del Salvador, pude organizar una considerable División, y en el campo de la Trinidad, acreditar a los hondureños que era llegada la hora de romper sus cadenas. Milla fue allí completamente batido, dejando en nuestro poder los elementos de guerra, que había acumulado, y la correspondencia oficial de que ya he hecho mérito. La vanguardia sola consiguió este triunfo, en el que se distinguieron los Coroneles Pacheco, Valladares y Díaz. A los de igual clase,

Márquez, que había quedado malo en Pespire, Gutiérrez, que en unión de Usejo y el Capitán Ferrera conducía la retaguardia, no les fue posible encontrarse en la acción.

Libres ya los pueblos de Honduras de sus enemigos, me dediqué a la reorganización del Estado. El Consejo se reunió en la ciudad de Comayagua, y me encargó del Ejecutivo con arreglo a la ley, en concepto de Consejero, por la falta de Jefe y Vicejefe del Estado.

Luego que el Presidente de la República tuvo conocimiento de estos sucesos, hizo marchar al Coronel Domínguez sobre Honduras. Yo tuve entonces que separarme del Gobierno para tomar el mando de la fuerza, y establecí mi cuartel general en el pueblo de Texiguat. Domínguez hizo una ligera incursión por los pueblos de la costa, y regresó a San Miguel, sin haberse atrevido a atacarme.

Por este tiempo, el General Merino, después de haber estado al servicio del Gobierno del Salvador, se embarcó en Acajutla para retirarse a Guayaquil, de donde era natural. Habiendo tocado el buque que lo conducía en el puerto de La Unión, fue capturado a bordo por el Coronel Domínguez, que ocupaba el departamento de San Miguel con fuerzas federales, sin respetar la bandera chilena, ni atender à los reclamos que le hiciera el Capitán.

A Merino no debía tratársele como prisionero de guerra, porque no se le tomaba con las armas en la mano: no era ya un soldado, porque se había separado del teatro de la guerra: no podía considerársele como enemigo, porque no tenía la intención de ofender, puesto que se retiraba a su patria; ni siquiera pisaba ya el territorio de la República, y se hallaba bajo la protección de una nación amiga. No había, pues, ni un pretexto para reducirlo a prisión, y menos para fusilarlo pocos días después en la ciudad de San Miguel, faltando al derecho sagrado de la guerra, y a los principios establecidos aun en los pueblos menos civilizados.

Este asesinato sin ninguna mira política: esta víctima sacrificada a la venganza ajena, cerró todos los medios de conciliación entre Dominguez y yo, rompiendo la correspondencia que habíamos establecido con este objeto: presagió la suerte que correríamos los que fuésemos prisioneros de semejantes enemigos; y acabó de uniformar la opinión pública.

En pocos días conseguimos organizar una fuerza compuesta de hondureños y nicaragüenses, que aunque muy inferior en número a la de Domínguez, se componía en su mayor parte de soldados voluntarios y decididos a morir en defensa de su patria; pero carecía de recursos pecuniarios.

El que conozca que las rentas del Estado de Honduras nunca han bastado a cubrir su lista civil; y que haya sido, entonces, testigo de las grandes sumas que exigiera Milla a los pueblos, para sostener tanto tiempo su División, solo persuadirá fácilmente de las escaseces que sufría la que estaba a mis órdenes. Marchaba sin ninguna caja militar, y el prest que se daba a la tropa, era necesario exigirlo en los pueblos del tránsito.

Las dificultades que naturalmente se presentaban para esto, producían mil privaciones en el soldado, que se agravaban con lo malo del clima y el rigor del otoño, abundante en lluvias aquel año. Su número se disminuía, de consiguiente, en términos que, apenas llegaron a las inmediaciones de San Miguel las dos terceras partes de los soldados reunidos en Choluteca. En tanto que el Coronel Domínguez abundaba en recursos y tenía a sus órdenes una numerosa tropa veterana que había triunfado varias veces de sus enemigos.

La esperanza del auxilio que me había ofrecido el Gobierno del Estado de El Salvador, para engrosar mi pequeña División, me obligó a colocarla en el pueblo de Lolotique, fuerte por su localidad, y por su posición aparente para proteger la llegada de los salvadoreños. El Coronel Dominguez con todas sus fuerzas vino a situarse a distancia de una legua, en el pueblo de Chinameca.

Hizo varias tentativas para forzar las guardias avanzadas colocadas en los desfiladeros que conducían a la altura que yo había ocupado; y aunque siempre fue rechazado con pérdidas, logró sin embargo, ver desplegarse la fuerza, y se enteró de su número. La confianza que le inspiró este conocimiento la acreditaron sus hechos posteriores. Domínguez pudo muy bien contar nuestros soldados; pero pronto conoció, por una costosa experiencia, que no es dado calcular, a un jefe mercenario, el valor de hombres que defienden su patria y sus hogares.

Once días se pasaron sin ocurrir nada notable entre las dos fuerzas. Al duodécimo recibí una comunicación del Teniente-Coronel Ramírez, jefe de la tropa auxiliar tanto tiempo esperada. Me aseguraba que al siguiente día pasaría con alguna dificultad el Lempa, por falta de barcas.

La facilidad con que el enemigo podía descubrir la aproximación de aquel jefe, y destruir su pequeña fuerza, me decidió a protegerlo. A las 12 de la noche emprendí mi marcha con este objeto; pero la lluvia no me permitió doblar la jornada y me vi obligado a aguardar en la hacienda de Gualcho, que mejorase el tiempo. Entre tanto, Domínguez que había sabido mi movimiento y marchaba por mi izquierda, detenido también por la lluvia, fue igualmente obligado a situarse a una legua distante de aquella hacienda, sin que se hubiera podido descubrir su movimiento hasta entonces.

A las tres de la mañana que el agua cesó, hice colocar dos compañías de cazadores en la altura que domina la hacienda, hacia la izquierda, en razón de ser el único lugar por donde podía presentarse el enemigo. A las 5 supe la posición que este ocupaba, y pocos minutos después, el jefe de una partida de observación aseguró que se hallaba a tiro de cañón de las dos compañías de cazadores.

No podía ya retroceder en estas circunstancias, porque una retirada con tropas que no son veteranas, tiene peores consecuencias que una derrota, sin la gloria de haber peleado con honor. No era ya posible continuar mi marcha, sin grave peligro, por una inmensa llanura, y a presencia misma de los contrarios. Menos podía defenderme en la hacienda, colocada bajo una altura de más de 200 pies, que en forma de semicírculo, domina a tiro de pistola el principal edificio, cortado, por el extremo opuesto, con un río inaccesible, que le sirve de foso. Fue, pues, necesario aceptar la batalla con todas las ventajas que había alcanzado el enemigo, colocado ya en actitud de batirse a tiro de fusil de nuestros cazadores.

Conociendo el tiempo que había de gastar la División en salvar la altura, que se hallaba entre el campo y la hacienda, hice avanzar a los cazadores sobre el enemigo, para detener su movimiento, el que conociendo lo crítico de mi posición, marchaba contra estos a paso de ataque.

Entre tanto subía la fuerza por una senda pendiente y estrecha, se rompió el fuego, a medio tiro de fusil, que luego se hizo general. Pero ciento setenta y cinco soldados bisoños hicieron impotentes por un cuarto de hora los repetidos ataques de todo el grueso del enemigo. Este, obligado por instinto, a tributar el respeto que se debe al valor, no se atrevió a hollar la línea de cadáveres a que quedó reducido el pequeño campo que ocupaban los cazadores, para detener la marcha de la División que volaba en su auxilio.

El entusiasmo que produjo entre todos los soldados el heroísmo de estos valientes hondureños, excedió al número de los contrarios. Cuando la acción se hizo general por ambas partes, fue obligada a retroceder nuestra ala derecha, y ocupada la artillería ligera que la apoyaba; pero la reserva, obrando entonces por aquel lado, restableció nuestra línea, recobró la artillería y decidió la acción, arrollando parte del centro, y todo el flanco izquierdo que arrastraron en su fuga al resto del enemigo, dispersándose después en la llanura.

Entre los muchos prisioneros que se hicieron, se encontraron algunos vecinos del departamento de San Miguel, que vinieron en gran número a ser testigos de nuestra derrota. Tal era la seguridad que tenían en la táctica, en la disciplina y en el número de nuestros contrarios. Los salvadoreños auxiliares, que abreviaron su marcha, al ruido de la acción, con el deseo de tomar parte en ella, llegaron a tiempo de perseguir a los dispersos.

Cediendo a un sentimiento de justicia, he descendido a pormenores, que no a todos podrán ser agradables; pero ofrezco omitir en adelante, los que pertenecen a los sucesos ocurridos hasta la conclusión de la guerra. Mi deseo ha sido el de honrar la memoria de los patriotas hondureños y nicaragüenses que pelearon aquel día, cuyo valor se ha querido poner en duda, porque no han sido tan afortunados otras veces.

Es el de fijar los hechos que tuvieron lugar en aquella jornada, desfigurados después por la malicia o la ignorancia. Es el de dar a conocer la importancia que merece este hecho de armas. Si él fue en sí, bien pequeño, produjo, sin embargo, los mejores resultados, porque economizó la sangre que inútilmente se derramara por tanto tiempo en las trincheras de El Salvador, facilitando la rendición de

Mejicanos, y abrevió el desenlace de la revolución de 1828. Revolución que tan abundante, como después, fue en acciones de guerra ganadas por nuestros soldados, todas ellas se deben considerar como una consecuencia de este triunfo.

De Gualcho me dirigí a la ciudad de San Miguel, en busca de recursos, para pagar sus haberes atrasados a los soldados, vestirlos y darles la gratificación, de un mes de sueldo, que se les había ofrecido.

En el camino se me presentó una comisión de los principales vecinos de aquella ciudad, para suplicarme fuese a proteger las propiedades, que a pretexto de pertenecer a los enemigos del Gobierno, eran amenazadas por un puñado de malvados. Pude llegar a tiempo de evitar el saqueo de muchas casas, aunque ya éstos habían tomado de la de Barriere algunos objetos de comercio.

En uso de la facultad que me había concedido el Gobierno del Estado de El Salvador, mandé exigir un empréstito forzoso de dieciséis mil pesos. Este se distribuyó en un pequeño número de propietarios que más servicios habían prestado al enemigo.

La noticia que se difundió en la ciudad de que el General Arzú había salido para atacarme, del cuartel general de Mejicanos, produjo una fuerte resistencia en algunos prestamistas, que se negaron a pagar bajo diversos pretextos su contingente.

Cuando se confirmó la noticia que el enemigo se aproximaba al Lempa, expedí una orden para que el que no quisiese prestar sus servicios como propietario, se le obligara a hacerlos como soldado, presentándose en el cuartel de cazadores. Todos pagaron a esta intimación; sólo el ciudadano Juan Pérez, primer propietario del departamento, quiso tomar las armas. Pero pocas horas después de hallarse sufriendo en el cuartel todos los castigos y privaciones de un soldado recluta, entregó los cinco mil pesos que le fueron asignados, y volvió a su casa.

La cantidad recaudada fue distribuida a los soldados en medio de la plaza, a presencia de los jueces municipales, de los ciudadanos Gregorio Ávila, que contribuyó con el género suficiente para dos mil vestuarios, Pedro Gotay y otros muchos de los principales de aquella ciudad, que aún existen hoy en ella, para comprobar esta verdad.

Como este fue el último empréstito, y el único de alguna consideración que yo asigné hasta la conclusión de la guerra, y como algunos han exagerado a un valor y tratado de tiránicas las medidas que se tomaron para realizarlo, no me ha sido posible pasar en silencio estos pormenores.

Si hubo alguna severidad contra Pérez, fue provocada por su misma resistencia: lo exigía, además, el orden público, amenazado por los soldados leoneses, cansados ya de sufrir escaseces y de esperar el día que éstas cesasen, tantas veces prometido; y lo demandaba imperiosamente la necesidad de marchar a disputar el paso del lempa al enemigo.

El único atentado que yo supiese y pudiese remediar, fue cometido por el Capitán Cervantes, que arrancara del cuello a una señora prestamista su cadena de oro, y por el cual fue sentenciado a la pena de muerte y fusilado en la plaza del Salvador.

Los soldados leoneses, que no pertenecían a ningún Gobierno, y que voluntariamente se habían puesto a mis órdenes, expresaron de diversos modos sus deseos de regresar a Nicaragua. Al Coronel Valladares, que se propuso evitarlo, lo amenazaron haciendo uso de sus armas, y yo sólo pude lograr que sesenta soldados continuasen en el servicio.

Entre tanto, el General Arzú llegó al Lempa con una fuerte División. Al momento marché a evitarle el paso de esto río, y lo habría conseguido, si el Teniente Coronel José del Rosario López Plata no hubiera descuidado el punto por donde logró aquel desembarcar.

Disminuida mi fuerza por la defección de los leoneses, tuve retirarme a Honduras para organizarla. El enemigo, que marchaba a mi retaguardia, llegó hasta la ciudad de Nacaome, y no atreviéndose a perseguirme por el camino de la sierra, que había ya fortificado, regresó a San Miguel. En pocos días pude aumentar la División en la ciudad de Tegucigalpa, y volví con ella sobre la misma ciudad de San Miguel.

El General Arzú ocupaba entonces dicha ciudad, que por una marcha forzada amenacé atacar. Como aquel no quería comprometer una acción, se retiró por la villa de Usulután, para atravesar después el llano de la Pava, y tomar el camino del departamento de Gracias, con el objeto de pasar a Guatemala.

Yo, que calculaba esta retirada, me coloqué por un movimiento de flanco en aquel llano, al tiempo mismo que la vanguardia enemiga tomaba posición en la margen izquierda de un arroyo profundo. Era su mira disputarnos este paso, para poder evitar la ocupación de la hacienda de San Antonio, en la que comienza a elevarse la sierra por donde había pensado retirarse. Pero fue arrollada y arrojada hacia el llano, en donde estaba formada su retaguardia, dejando en nuestro poder un cañón. La hacienda fue en seguida ocupada por nosotros, y los contrarios pasaron la noche deliberando.

Al amanecer se me aseguró que deseaban capitular. Al efecto, hablé con el Teniente Coronel C. Antonio Aycinena, que había sucedido en el mando al General Arzú. Me ofreció aquel jefe entregar las armas, y quedar prisionero con sus principales soldados; pero no a disposición del Gobierno del Estado de El Salvador. La capitulación que redacté fue firmada inmediatamente, y con sorpresa vieron los enemigos, que cuando ellos habían convenido ya en ser mis prisioneros de guerra, se les dejaba en libertad para volver a Guatemala, suministrándoles, además, el dinero necesario para el préstamo del soldado, y concediéndoles, por una gracia, todo lo que solicitaron.

Aunque nunca me arrepentí de haber observado esta conducta, pocos días después tuve el disgusto de saber que el enemigo saqueaba los pueblos del tránsito, y había cometido un asesinato, en pago de la generosidad con que se le trató, violando así la capitulación que se acababa de firmar, en la que se había consignado un artículo a la seguridad de estos mismos pueblos.

Un jefe militar del Estado del Salvador, que con dos compañías ocupaba Ocotepeque, por donde aquellos debieran pasar, recibió de los pueblos iguales quejas, y redujo a algunos oficiales a prisión, por orden de su Gobierno, a quien yo había dado conocimiento de aquellos hechos.

Aunque siempre he creído que el jefe Aycinena no los mandó ejecutar, él es, sin embargo, único responsable de ellos, por haber abandonado a la tropa a su propia suerte, forzando sus marchas para llegar pronto a Guatemala con todos sus jefes y oficiales allegados.

La fortuna, que jamás protege a los que huyen de los peligros de guerra para poder disfrutar de las ventajas del triunfo, castigó a los que sitiaban la plaza del Salvador, haciéndoles, por nueva capitulación, prisioneros de los sitiados, y premiando de este modo, el valor con que estos defendieran por tanto tiempo su patria y sus hogares.

Este desenlace se debió a la constancia con que el pueblo salvadoreño, sin armas y sin jefes, sostuvo el sitio por largo tiempo: al patriotismo y generosidad de las mujeres del pueblo, que alentaban al soldado con su valor y lo alimentaban con el trabajo de sus manos: la firmeza con que el Gobierno se negó siempre a admitir las proposiciones desventajosas, que le hiciera el enemigo para rendirse; y al General Juan Prem, que disciplinó algunas compañías, y colocándose con ellas a la retaguardia del enemigo, le interceptaba los convoyes y aprisionaba las reclutas que venían de Guatemala, batía las fuerzas, que sallan del cuartel general de los sitiadores en busca de víveres, y alentando con todos estos hechos al pueblo, hizo a los soldados concebir esperanzas de un próximo triunfo y creer al Coronel Montúfar, jefe del ejército sitiador, que se hallaba sitiado, cuando dijo en uno de sus escritos que no puede sostenerse por mucho tiempo plaza que no es socorrida, y menos cuando la atacan enemigos muchos y porfiados.

De la hacienda de San Antonio me dirigí a la ciudad de El Salvador. Pasé en seguida a la villa de Ahuachapán, para organizar allí el ejército que debía marchar sobre el Estado de Guatemala.

Pocos días después de haber llegado a aquella villa, recibió el jefe político del departamento, C. Juan Manuel Rodríguez, orden del Ministerio, para hacer salir del Estado al Presidente Arce, que despojado ya del Gobierno, existía en la ciudad de Santa Ana, porque su permanencia en ella era perjudicial al orden público.

Una persona afecta al Presidente Arce me suplicó evitase a este jefe el disgusto de ser conducido hasta el río de Paz por una partida de soldados, que tenía ya preparada el jefe político.

No quise perder la ocasión de acreditar a Arce, que había olvidado ya la memoria que hizo de mí, en la lista que dirigió al Coronel Milla, para que en unión de otros, me remitiese preso a Guatemala, a pesar del salvoconducto que me dio este jefe. Con aquel objeto mandé al Coronel Gutiérrez, que comunicase al Presidente la orden del Gobierno, y le expresé mis deseos de evitarle el compromiso en que podía colocarlo su permanencia por más tiempo en Santa Ana.

Pero este hecho lo tuvo Arce por un agravio, según se expresa en sus memorias, aunque yo lo consideraba como un servicio, puesto que le suplicaba lo que podía mandarle con el mismo derecho que él quiso se me conduje preso a Guatemala. Con el mismo derecho, digo, porque él usó de la fuerza para obrar contra mí, no estando autorizado por la ley, y yo podía haber usado también de esta fuerza en justa represalia, cuando me tocaba mi vez.

Luego que el ejército recibió alguna disciplina, marché sobre la ciudad de Guatemala, y di orden al general Prem, que obraba ya en el departamento de Chiquimula con una División, que ocupare la hacienda de Aceituno, distante una legua de aquella ciudad, el mismo día que yo debía situarme a dos leguas de ella, en el pueblo de Pinula. Mi orden fue cumplida por el Coronel Henrique Terrelong, que había sucedido en el mando a aquel Jefe, que permanecía enfermo en Chiquimula.

En la hacienda de Corral de Piedra se nos unió un escuadrón de patriotas antigüeños, al mando del General Isidoro Saget, que fue de mucha utilidad en la campaña.

En Pinula supe que la fuerza del Estado se había concentrado toda en la ciudad.

Para evitar la introducción de víveres y agua en la plaza, mandé situar una División en el Pueblo de Mixco, al mando del Coronel Cerda, con orden de fortificarse inmediatamente. Pero este Jefe, a quien sólo conocía por la buena recomendación que de él se me había hecho, se confió en un valor de que carecía. Ni quiso fortificarse, ni tuvo la presencia de ánimo y arrojo que se necesita para defender un puesto que es sorprendido por el enemigo.

Cerda acreditó, con esta derrota, su ineptitud y cobardía, y el enemigo su crueldad con el asesinato de los vencidos. En lugar de marchar inmediatamente sobre el cuartel general de Pinula, aprovechándose de mi permanencia en la Antigua Guatemala, a donde había ido con el fin de organizar un Gobierno provisional, volvió a entrarse a sus trincheras, y yo regresé a Pinula.

Al día siguiente concentré todas las fuerzas en este pueblo, y marché con ellas a la Antigua Guatemala para reponer las bajas al nuevo Gobierno. El General Nicolás Rauol, antiguo veterano del ejército de Napoleón, que hoy ocupa un lugar distinguido en el ejército francés, entró al servicio en concepto de Jefe de Estado Mayor.

A la experiencia y conocimientos militares de este jefe (el más instruido que ha venido a Centro América) de los que siempre he hecho uso en lo que ha estado a mi alcance, debo en gran parte no haber sido nunca sorprendido, ni sufrido jamás una derrota, en trece años de guerra casi continua, provocada por los desafectos a la República.

El enemigo, envalentonado con el triunfo de Mixco, salió por segunda vez de sus trincheras para atacarme en aquella ciudad.

Yo marché inmediatamente a ese encuentro; pero las noticias de los espías me persuadieron de que no lo encontraría en el camino que yo llevaba. Me regresé, por esto, a la ciudad, dejando a las órdenes del Coronel Terrelong un batallón y un escuadrón para que explorase el campo.

En San Miguelito, una legua distante de la ciudad, se encontró este jefe con el enemigo, y se batió con tal ardor, que la infantería que había sido rodeada por aquel, y se defendía a la bayoneta, de tal modo se confundió con los contrarios, que se le consideraba ya muerta y prisionera.

En este momento, usando de su arrojo acostumbrado, el Teniente Coronel Corzo, Comandante del escuadrón, cargó con cuarenta dragones sobre el enemigo, con tan buen éxito, que llegó a tiempo de salvar nuestra infantería, que todavía peleaba sin quererse rendir. Aquel retrocedió asombrado, y una segunda carga completó su derrota.

Cuando recibí el parte de que el Coronel Terrelong se hallaba al frente del enemigo, marché con el resto del ejército. Las descargas seguidas que se oían en el camino me acreditaban que aquel jefe se había comprometido en una acción con tan poca tropa; pero todos mis esfuerzos por tener parte en ella fueron inútiles.

Sólo llegué al campo de batalla para premiar el valor, socorrer a los heridos y proteger a los prisioneros. Perseguí los restos del enemigo hasta Sumpango, y pasé al día siguiente al pueblo de Mixco en donde permanecí algún tiempo.

Allí se me manifestaron, por medio del ciudadano J. Antonio Alvarado, los deseos que tenía de mediar en nuestras desavenencias el Ministro de los Países Bajos, y de tener, a este fin, una conferencia conmigo. Esta tuvo lugar, a los pocos días, en la hacienda de Castañaza, aunque sin ningún resultado por entonces.

De Mixco marché a situarme a la hacienda de Aceituno. Antes de llegar a la de Las Charcas, se me aseguró que el enemigo se aproximaba a la misma hacienda. Cuando llegué a ella, observé que venía en marcha, a distancia de un cuarto de legua.

Entonces conocí que quería aprovechar, para atacarme, el momento en que se había disminuido el ejército con la marcha de la primera División sobre el departamento de Los Altos, al mando del Teniente Coronel Jonama, con el objeto de perseguir una fuerza enemiga que obraba sobre aquellos pueblos a las órdenes del Coronel Irisarri.

Al momento formé la fuerza para aguardar al enemigo que, en triple número, se presentaba en la llanura. Todo el valle se veía cubierto de caballería, que se aumentaba a la vista con una multitud de espectadores. Esta caballería se formó fuera de los tiros de nuestra artillería ligera. El de fusil no alcanzaba al grueso de la infantería. Sólo una parte de ésta, en número de 500 soldados, se aproximó, formada en batalla, a menor distancia, y rompió el fuego al mismo tiempo que la guerrillas de cazadores que hizo desplegar. Los nuestros lo contestaron a pie firme.

Cansado de aguardar a que se aproximara el resto de la infantería y toda la caballería enemiga, que continuaba guardando la distancia en que se había colocado al principio, hice marchar dos compañías de cazadores por el flanco derecho y tirar algunas bombas.

Estas causaron mucho estrago en la caballería y, a las primeras descargas que aquéllas hicieran, avanzando siempre sobre el enemigo que peleaba, éste huyo, y el resto siguió en ejemplo sin haber hecho un solo tiro. La caballería lo imitó, volviendo caras, y la nuestra, aunque en pequeño número, cargó sobre esta confusa masa de hombres, que huían haciendo un terrible estrago en todo el valle y centenares de prisioneros.

Los que no lo fueron entraron en la plaza en gran desorden; y no hice un esfuerzo para ocuparla aquel día, por aguardar que se me incorporase la División que obraba en Los Altos.

Al siguiente día marché de la hacienda de Las Charcas a la de Aceituno, en donde permanecí hasta la llegada de la tropa que se hallaba en Quezaltenango, de la que se reorganizaba en la Antigua Guatemala, y reclutaba en el Estado de El Salvador.

Pocos días después me dio parte el Coronel Jonama de haberse echado el pueblo del Barrio sobre los enemigos y entregándole prisioneros a los principales jefes. Pero, a esta noticia que no podía ser más satisfactoria, añadía otras sumamente desagradables. Me aseguraba que el Teniente Coronel Menéndez había sublevado contra él la División, a pretexto de obrar de acuerdo con los enemigos, por el buen trato que diera, en cumplimiento de mis instrucciones, al Coronel Irisarri y demás prisioneros: y que la viruela maligna, que había comenzado a propagarse en los soldados, le obligaba a regresar al cuartel general.

Temiendo que muy pronto cundiese esta epidemia en todo el ejército, tomé varias precauciones para evitarlo, aunque no quedé satisfecho por no haber encontrado la vacuna.

Con la mediación del Ministro de los Países Bajos, de que ya he hablado, se reunieron en el sitio de Ballesteros, para tratar de la paz, los ciudadanos Arbeu, por el Vicepresidente de la República y Pavón por el Gobierno del Estado de Guatemala, el General Espinosa por el de El Salvador, y yo, por los de Honduras y Nicaragua. Las proposiciones que por una y otra parte se hicieron fueron desechadas, y los comisionados se retiraron.

Pero mis deseos de una transacción eran tan vivos, como fundados los temores que tenía de que se disolviese el ejército por la epidemia de viruelas. Volví, por esto, a excitar al General Vérver, Ministro de los Países Bajos, para una nueva conferencia, a la que concurrieron los mismos comisionados. El General Espinosa y yo les presentamos la proposición siguiente:

1º. Que se estableciera un Gobierno provisorio en el Estado de Guatemala, compuesto del mismo jefe C. Mariano Aycinena, del C. Mariano Prado y yo.

2º. Que los dos ejércitos debían reducirse al número de mil hombres, y componerse, en iguales partes, de salvadoreños y guatemaltecos.

3º. Que el Gobierno provisorio debía instalarse en Pinula, y entrar después a Guatemala con aquella fuerza, destinada a dar respetabilidad al mismo Gobierno y a mantener el orden en el Estado.

4º. Un olvido general por lo pasado.

Tan satisfecho estaba yo de que sería admitida, sin discutirse, esta proposición, porque conocía la debilidad a que se hallaba reducida la plaza, como grande fue mi admiración al verla desechada.

Si el enemigo ignoraba la causa de tanta generosidad, sabía muy bien que no era acreedor a ella por su conducta observada con los Gobiernos y pueblos de El Salvador y Honduras, en circunstancias menos difíciles para éstos.

Sabían, además, que ni su posición actual, la más desventajosa en que pudo colocarse, ni sus futuras esperanzas, puesto que no aguardaba ningún auxilio, ni la moral de su tropa, conocida ya en la acción de Las Charcas, pudieron hacerle esperar un mejor desenlace.

Pero todavía aparece más ventajosa esta proposición si se compara con las que hicieron a los salvadoreños para que rindiesen la plaza, tan fuerte entonces que, lejos de alcanzar la menor ventaja, concluyeron los sitiadores por rendirse a los sitiados.

Y siempre merecerá el nombre de generosa, por lo que se hizo en la seguridad de que la plaza de Guatemala se rendiría con poca resistencia, como sucedió diez días después, que fue entregada bajo las condiciones que le impusiera el vencedor.

La plaza fue ocupada al siguiente día de la capitulación, y yo me alojé en la casa de Gobierno. Pasados algunos minutos se me presentó el Ministro de Relaciones del Gobierno Federal y me entregó una nota del Vicepresidente de la República, C. Mariano Beltranena, en la que me preguntaba si debería continuar en el ejercicio del Poder Ejecutivo.

Los que recuerden que el Vicepresidente, apoyado en el ejército del Estado de Guatemala, había usurpado el mando al Presidente de la República, burlándose de los repetidos reclamos que éste le hizo para obtenerlo, que era uno de los más poderosos motivos de la guerra que se llevó hasta la Capital de la República, a nombre de la mayoría de los Gobiernos de los Estados que componen la Federación, se persuadirán fácilmente de que mi contestación fue por la negativa.

En el mismo día mandé reducir a prisión al Presidente y Vicepresidente de la República, a los Ministros de éste, de Hacienda y Relaciones, y al Jefe del Estado de Guatemala.

Esta medida ejecutada en cumplimiento de las órdenes que había recibido de los Gobiernos de los Estados, estaba en consonancia con mi opinión, de reducir el número de los presos al menor posible; y tenía también por objeto poner en absoluta incapacidad de obrar a los principales Jefes que habían llevado la guerra a los Estados.

Cuando se exigió, en cumplimiento de la capitulación, la entrega de todos los objetos de guerra, apareció menos, una cantidad considerable de fusiles. La reclamé por medio del señor Manuel Pavón, demostrándole aquella falta con el estado del armamento entregado, y el que se encontró en la comandancia de los enemigos, hecho tres días antes de haberse rendido la plaza.

Pavón me dio una contestación evasiva, y yo le aseguré que si la capitulación no se cumplía por parte de ellos, no me consideraba en la obligación de respetarla por la mía.

Aunque hasta entonces no creía que se obrase de mala fe, vino luego a sacarme de mi error la orden del día mismo en que se ocupó la plaza, autorizada por el Secretario del Gobierno del Estado de Guatemala en concepto de Jefe de Estado Mayor. En ella se permitía salir a los soldados de la plaza, contrariando el artículo 4° de la capitulación, en el que se ofrecía que continuarían en sus cuarteles;

para que de este modo pudiese tener efecto el artículo 5º de la misma capitulación.

Muchos de los soldados que salieron en virtud de aquella orden, llevaron sus fusiles, y los excesos que cometieron en algunos pueblos inmediatos, tal vez exagerados por los que querían acreditarse con los vencedores, produjo temores de una reacción en el ánimo de los cobardes, y dio un nuevo y fundado motivo para creer lo poco que respetaban los vencidos sus compromisos.

No habiendo tenido mis reclamos de que se observase la capitulación, ningún resultado favorable, expedí un Decreto, en el que manifestaba los motivos que tenía para no cumplirla por mi parte. El señor Arce ha querido inculparme por este hecho en sus Memorias: en ellas pretende demostrar con los mismos estados que yo cito, el no haber habido ninguna falta de parte de los vencidos. Si en dichos dos estados aparece un número de armamento casi igual, es porque en el uno se comprendieron las armas inútiles que había en el almacén, en tanto que en el otro sólo figuraban los fusiles útiles que se hallaban en manos del ejército enemigo.

Varias pruebas podría aducir para poner en un punto de vista más claro, el hecho a que me refiero, si el tiempo, que todo lo descubre no hubiera venido a justificar la conducta que observó en aquella vez, presentando como una prueba irrefragable el armamento que de las bóvedas de la Catedral de Guatemala sacó Carrera a la vista de todos; el mismo que, en el año de 1829, fue el objeto de mis reclamos, y la causa por que se anuló la capitulación. Mis hechos posteriores acreditan que no tuve otras miras.

Por el artículo 6º de dicha capitulación se garantiza la vida y propiedades de todos los individuos que existían dentro de la plaza. Esta era la única seguridad que se les daba. A nadie se castigó con la pena de muerte, ni se le exigió por mi parte ninguna clase de contribución.

La capitulación fue religiosamente cumplida, aun después de haberse derogado. La obligación cedió entonces su lugar a la generosidad, y no tuvo de qué arrepentirse. Y no se diga que faltaba sangre que vengar, agravios que castigar y reparaciones que exigir. Entre otras muchas víctimas sacrificadas, los Generales Pierzon y

Merino fusilados, el uno sin ninguna forma judicial, y arrancado el otro de un buque extranjero para asesinarlo en la ciudad de San Miguel, pedían entonces venganza, así como los incendios y saqueos de los pueblos de El Salvador y Honduras demandaban una justa reparación,

Si el Gobierno de Guatemala señaló, para sostener el ejército, contribuciones forzosas a los propietarios que pertenecían al partido vencido, además de que estaba en sus facultades esta medida, la necesidad de pagar sus haberes al soldado vencedor, lo exigía y la política demandaba no sacar estos fondos de los que nos habían prestado buenos servicios.

Además, la capitulación celebrada, en uso de las facultades que me daban las leyes militares, no podía comprometer del mismo modo al Gobierno del Estado de Guatemala que si se hubiera ajustado el tratado propuesto en Ballesteros, en cumplimiento de las instrucciones que se me habían conferido al efecto.

A pesar de que en mi opinión el número de los presos debía ser el menor posible, como lo había acreditado, reduciéndolo a cinco individuos de los más notables, la de los pueblos, así como la de los Gobiernos de los Estados y la del ejército, era enteramente contraria.

El Gobierno del Estado de El Salvador, por medio de sus comisionados, ciudadanos José María Silva y Nicolás Espinosa, y el de Honduras y Nicaragua, por las exposiciones que se publicaron entonces por la prensa, pedían el castigo de todos los culpables; y yo, que no desconocía la justicia de estos reclamos, y que debía cumplir las órdenes de los jefes que habían depositado en mí su confianza, me vi obligado a reducirlos a prisión.

Pocos días después se comenzó a difundir en la ciudad la noticia que se intentaba…………………….(*).

(*). Aquí concluyen las Memorias del General Morazán. Tanto en el manuscrito, como en las copias que hemos adquirido para proceder a la edición. Fundadas sospechas nos hacen creer que la segunda época de la vida de aquel valiente e ilustre soldado muy fecunda en acontecimientos, que ocupan la mayor parte de la   historia contemporánea del país, ha sido escrita por él mismo en su larga expedición a las Repúblicas del Sur, y perdida u ocultada en la jornada con que terminó su carrera política en San José.

Al menos así lo da a entender su ofrecimiento, de omitir en el discurso de su obra, pormenores que podrían ser desagradables a algunos y que pertenecen a los sucesos ocurridos hasta la conclusión de la guerra.

Mas si es sensible que Centro América quede privada de la continuación de estas Memorias, nadie negará, que con la parte interesante que hoy ve la luz pública, se puede venir en conocimiento del origen de la revolución prolongada hasta nuestros días, y de una reputación literaria apenas conocida de los patriotas centroamericanos, y tenazmente negada por el bando opuesto a los principios y al progreso. Ella abre el juicio de la posteridad para el caudillo de los pueblos que proclamó y sostuvo las libertades públicas, y hace esperar con impaciencia el día que la prensa publique la parte que ahora se ha hecho difícil dar a luz; pues aunque ella fuera perdida, datos hay suficientes para suplirla con toda precisión y claridad. *(Nota de los Redactores de "El Rol," en la edición hecha en San Vicente, en 1855.)*

ÍNDICE